禅者的行径

释颢 ◎ 编著

中国华侨出版社
·北京·

图书在版编目(CIP)数据

禅者的行径/释颢编著.—北京：中国华侨出版社，2012.1（2025.4重印）
ISBN 978-7-5113-2031-5

Ⅰ.①禅… Ⅱ.①释… Ⅲ.①禅宗—通俗读物 Ⅳ.① B946.5-49

中国版本图书馆 CIP 数据核字（2011）第 258748 号

禅者的行径

编　　著：释　颢
责任编辑：唐崇杰
封面设计：周　飞
经　　销：新华书店
开　　本：710 mm × 1000 mm　1/16 开　　印张：12　　字数：131 千字
印　　刷：三河市富华印刷包装有限公司
版　　次：2012 年 1 月第 1 版
印　　次：2025 年 4 月第 3 次印刷
书　　号：ISBN 978-7-5113-2031-5
定　　价：49.80 元

中国华侨出版社　北京市朝阳区西坝河东里 77 号楼底商 5 号　邮编：100028
发 行 部：（010）64443051　　　　　　　传　真：（010）64439708

如果发现印装质量问题，影响阅读，请与印刷厂联系调换。

前言

也许是生活，让我们不得不淹没在茫茫人海中，淹没在尘世的琐碎中。在对欲望的追逐中，人们常感觉身心俱疲，却又无法停下走向这个无底洞的脚步，正所谓"世味浓，不求忙而忙自至"。但忙来忙去，求得的是更大的贪念和心灵的负罪，求不得的是人生的真滋味。

"要放下"是禅师训导弟子的诫语，但习惯了"拿起"的人，让他"放下"谈何容易？况且，他能放下手上、肩上的重负，能放得下心里的牵绊吗？"心中有事世间小，心中无事一床宽"，欲求心灵解脱的人，须知有舍有得，舍而后得的人生道理。

所以，看惯这尘世浮华之人，苦求解脱，却终是心有余而力不足。只要放下知见分别，远离价值判断、取舍贪念，浑然一片地指认生命本身，就可以明心见性了。不管你有多忙、有多累，不管你的生活如何受制于尘世中的名缰利锁，只要你禅心不泯，你就能修得正果。

我们不要老得太快，却聪明得太迟。倘若总是在匆忙地追逐中不得闲暇，不得安恬和快乐，岂不太痛苦？放下执着的贪念，一切随缘、一切随性。那些曾经拥有的就让它远去，那些未来未知的就让它慢慢靠近，我们只抓住现在拥有的，感受真实的酸甜苦辣。这就是禅告诉你的简单生活。与禅结缘，是人生莫大的福分！

禅离你很近！一般人体会的禅往往停留在"不立文字、直指人心、见性成佛"的阶段，其实禅是一种生活的智慧。通过禅理，我们可以更好地理解人生的意义，进而活出美满幸福的人生。因此，生活中的每个人都应学习禅的智慧，在禅意中悟出人生的真道理。

禅宗讲究"顿悟"，我等凡夫俗子也许无法达到这样的境界，但我们在人生的跋涉中不能放弃对于真理的膜拜，对高明智慧的探求。只有在不断地学习、参悟中，我们才有机会领略人生的另一种风景。

编　者

目录 / Contents

第一章 / 修心定性找到自我

做那个别人无法替代的自己 / 002

不断清扫心灵的尘埃 / 003

凡人的禅心 / 004

不要迷失自我 / 005

尊重自己的本性 / 006

悟禅靠心 / 007

山羊还是老虎 / 008

禅师的哑语 / 010

时时勤拂拭 / 011

自己的行为自己决定 / 012

每个人都有自己的想法 / 013

世上无难事，只怕有心人 / 014

老与小的定位 / 015

灭却心头火亦凉 / 016

不能自欺欺人 / 018

草木成佛 / 019

第二章 / 从善去恶常怀慈悲

勿以恶小而为之 / 022

佛的慈悲心 / 023

勇于修正自己的错误 / 024

美好的东西应与人一起分享 / 025

善恶全在心中 / 026

谁是最可爱的人 / 027

去除自身不良的习气 / 029

"报复"丈夫的办法 / 030

善念就是希望 / 031

牢记五个"放" / 032

长大了就不苦 / 033

别人的错 / 035

慈悲之心 / 036

欲望是累赘 / 038

行恶与修善 / 039

第三章 / 心地清净泰然处之

禅镜 / 042

做一株夜来香 / 043

天堂与地狱只有一线之隔 / 044

不要期待完美 / 045

活在希望中 / 046

自夸者必自败 / 047

以平常心泰然处之 / 049

害你的是自己的心 / 050

不要抱怨已经得到的 / 051

拿自己的那一份 / 052

想买货的人才会挑毛病 / 054

通身是眼 / 055

大千为床 / 055

月亮偷不去 / 056

一切皆禅 / 057

第四章 / 尊人恕己有容乃大

有容乃大 / 060

度量是一种美 / 061

宽恕别人宽恕自己 / 062

以美的眼光看周围的人 / 063

盗贼的感谢 / 064

不为生气而种兰 / 065

也要给别人一个权力范围 / 066

擦不净的铜镜 / 067

白隐禅师 / 069

梦见先贤 / 071

第五章 / 有舍有得天宽地阔

施主的捐赠 / 074

形可变性不可变 / 075

色即是空 / 076

笑看成败得失 / 076

不要固执一端 / 077

难得"放下" / 078

背在肩上的篓子 / 079

来来往往若干船 / 080

一首诗 / 081

杯子的死期到了 / 082

钻石的眼光 / 083

舍父逃走 / 085

怎样才能成佛 / 086

不是净瓶 / 087

找自己 / 088

第六章 / 素心做人侠心做事

人生何妨随缘而定 / 090

贤者之心有如山石 / 091

水的形状 / 092

如此养生 / 093

得与失的辩证法 / 094

水满则溢，月盈则亏 / 096

我也可以为你忙 / 097

肯做糊涂事方为明白人 / 098

虚心才能学到真本事 / 099

决不后退 / 100

盲童的执着 / 101

学会低调入世 / 103

不复再画 / 104

一桩大买卖 / 105

悲从何来 / 107

什么叫美德 / 108

人最大的缺点 / 109

第七章 / 减一分欲望多一分滋味

一匹马带来的烦恼 / 112

金子与石头 / 113

欲望是人们堕落的源头 / 114

知道自己有什么 / 115

拥有便是损失 / 116

那就是禅 / 117

飞越生死 / 119

炷香增福 / 120

一袭衲衣 / 121

宜默不宜喧 / 122

你从哪里来 / 123

高与远 / 125

连骨头都换了 / 126

欲望 / 127

闲名 / 128

负重在心 / 129

猫要吃什么 / 131

第八章 / 参悟至理领略人生

看清三种人生 / 134

半年人生 / 135

没时间老 / 136

重要的是心 / 137

命运线全在自己的手上 / 138

亲眼所见未必真 / 139

局部的失败 / 140

三文钱买饼 / 141

真正的男子汉 / 142

不动常动 / 143

都是人生的旅客 / 144

同样的事情 / 145

不要被表象迷惑 / 147

闭上眼睛才能看明白 / 148

一切随缘任他去 / 149

全在一个"悟"字 / 150

烦恼是佛 / 151

但向己求 / 151

自家宝藏 / 152

有病自养 / 152

禅河深处探到底 / 153

一偈得道 / 154

天堂与地狱 / 155

第九章 心境自造快乐常存

自己若不气哪里来的气 / 158

自己愉快也能带给别人愉快的人 / 160

不同的比较换来不同的心境 / 161

快乐是"比"出来的 / 162

太好了 / 163

心中有景 / 164

快乐用心去感受 / 165

小蝈蝈的佛性 / 166

以苦为乐 / 167

敬钟如佛 / 168

诗偈论道 / 169

到了龙潭 / 171

咸有咸味,淡有淡味 / 172

贫女宝藏 / 173

衣中的宝珠 / 174

大珠慧海 / 175

也无风雨也无晴 / 177

意在镢头边 / 178

石头狮吼 / 179

第一章 修心定性找到自我

chapter 1

每个人都应扪心自问：我真的能够认识自我吗？如果你不能认识自我，你又怎么能够认识他人和周围的世界？如果你不能坚守自我，你存在的意义何在？

做那个别人无法替代的自己

南岳怀让禅师有一弟子名叫马祖。马祖在般若寺时整天盘腿静坐，苦思冥想，怀让禅师便问他："你这样盘腿而坐是为了什么？"

马祖答道："我想成佛。"

怀让禅师听完后，拿了一块砖，在马祖旁边的地上用力地磨。

马祖问："师父，你磨砖做什么？"

怀让禅师答道："我想把砖磨成镜子。"

马祖又问："砖怎么能磨成镜子呢？"

怀让说："砖既不能磨成镜子，那么你盘腿静坐又岂能成佛？"

马祖问道："要怎么才能成佛呢？"

怀让答道："就像牛拉车子，如果车子不动，你是打车还是打牛呢？"

马祖恍然大悟。

当砖不具有成镜的特性时，你永远都无法把它磨成镜子。相对于人而言，这种道理同样适用。你永远是你，我永远是我。即使再加以雕饰，刻意模仿都无法彼此替代。所以，你不必羡慕别人的优越之处，也不用诋毁别人的缺点。说不定你有比别人更优越的地方，只是你认识不到自己那光明的一面。也说不定你在诋毁别人缺点的时候，自己正犯着同样的错误，做着相同的傻事，只是你没认识到自己那黑暗的一面。

不断清扫心灵的尘埃

　　鼎州禅师与一位小沙弥在庭院里散步，突然刮起了一阵大风，从树上落下了好多树叶，鼎州禅师就弯下腰，将树叶一片片地捡了起来，放在口袋里。站在一旁的小沙弥忍不住劝说道："师父！您老不要捡了，反正明天一大早，我们都会把它打扫干净的。您没必要这么辛苦的。"

　　鼎州禅师不以为然地说道："话不是你这样讲的，打扫叶子，难道就一定能扫干净吗？而我多捡一片，就会使地上多一分干净啊！而且我也不觉得辛苦呀！"

　　小沙弥又说道："师父，落叶这么多，您在前面捡，它后面又会落下来，那您要什么时候才能捡得完呢？"

　　鼎州禅师一边捡一边说道："树叶不光是落在地面上，它也落在我们心里，我是在捡我心里的落叶，这终有捡完的时候。"

　　小沙弥听后，终于懂得禅者的生活是什么。之后，他更加精进修行。

　　鼎州禅师与其说是捡落叶，不如说是捡去心中的妄想烦恼。大地山河有多少落叶且不必去管它，而人心里的落叶则是捡一片少一片。

凡人的禅心

有一位女施主，家境非常富裕，不论财富、地位、能力、权力及外表，都没有人能够比得上她，但她却郁郁寡欢，连个谈心的人也没有。于是她就去请教无德禅师，如何才能具有魅力，以赢得别人的欢喜。

无德禅师告诉她道："你能随时随地和各种人合作，并具有和佛一样的慈悲胸怀，讲些禅话，听些禅音，做些禅事，用些禅心，那你就能成为有魅力的人。"

女施主听后，问道："禅话怎么讲呢？"

无德禅师道："禅话，就是说欢喜的话，说真实的话，说谦虚的话，说利人的话。"

女施主又问道："禅音怎么听呢？"

无德禅师道："禅音就是化一切声音为美妙的声音，把辱骂的声音转为慈悲的声音，把毁谤的声音转为帮助的声音，哭声闹声、粗鲁的声音、丑陋的声音，你都能不介意，那就是禅音了。"

女施主再问道："禅事怎么做呢？"

无德禅师道："禅事就是布施的事，慈善的事，服务的事。"

女施主更进一步问道："禅心是什么呢？"

无德禅师道："禅心就是你我一如的心，圣凡一致的心，包容一切的心，普度一切的心。"

女施主听后，一改从前的傲气，在人前不再夸耀自己的财富，不再自恃自己的美丽，对人总是谦恭有礼，对眷属尤能体恤关怀，不久就拥有了许多人的友谊。

禅是一种道理，一种智慧，一种思维方式。现代这个快节奏的社会，更需要我们时常审视自己。

不要迷失自我

一次，洞山禅师问云居禅师："你爱色吗？"

云居正在用竹箩盛豌豆，听到洞山这样问，吓了一跳，箩里的豆子也洒了也来，滚到了洞山的脚下。洞山笑着弯下腰把豌豆一粒一粒地拣了起来。云居禅师耳边依然回响着洞山禅师刚才说的话，他不知道该怎么回答，这个问题实在是没有办法回答。

"色"包含的范围太大了！女色、颜色、脸色……你穿衣服挑颜色吗？你吃佳肴喝美酒看重菜色、酒色吗？你选宅第房舍注意墙色吗？你会按照别人的脸色行事吗？你贪恋黄金白银的财利吗？你恋慕妖艳的女色吗？

云居禅师放下竹箩，心中还在翻腾。他想了很久回答道："不爱！"

洞山一直在旁边看着云居受惊、闪躲、逃避，他惋惜地说："你回答这个问题之前想好了吗？等你真正面对考验的时候，是否能够从容面对呢？"

云居大声说："当然能！"然后他向洞山禅师脸上看去，希望能得到他的回答，可是洞山只是笑，没有任何的回答。

云居禅师感到很奇怪，反问道："那我问你一个问题行吗？"

洞山说:"你问吧!"

云居问:"你爱女色吗?当你面以对诱惑的时候,你能从容应付吗?"

洞山哈哈大笑地说:"我早就想到你要这样问了!我看她们只不过是美丽的外表掩饰下的臭皮囊而已。你问我爱不爱,爱与不爱又有什么关系呢?只要心中有自己坚定的想法就行了,何必要在乎别人怎么想!"

生活中的每一个人都不可避免地要和外界发生联系,并且受到外界环境的影响,这其中当然会有积极的效果产生,但如果一味地顺从经验,适应环境,则只会迷失自我,只有寻找自己的人生方式,才能活出自己的风采。

尊重自己的本性

文喜禅师去五台山朝拜。到达前,晚上在一茅屋里住宿,茅屋里住着一位老翁。文喜就问老翁:"此间道场内容如何?"

老翁回答道:"龙蛇混杂,凡圣交参。"

文喜接着问:"住众多少?"

老翁回答:"前三三、后三三。"

文喜第二天起来,茅屋不见了,只见文殊菩萨骑着狮子步入云中,文喜自悔有眼不识菩萨,空自错过。

文喜后来参访仰山禅师时开悟,安心住下来承担煮饭的工作。一天他从饭锅蒸汽上又见文殊现身,便举铲打去,还说:"文殊自文殊,文喜自文喜，今日惑乱我不得了。"

文殊说偈云："苦瓜连根苦，甜瓜彻蒂甜，修行三大劫，却被这僧嫌。"

有时我们因总把眼光放在外界，追逐自己所想的美好事物，常常忽视了自己的本性，在利欲的诱惑中迷失了自己。所以才终日心外求法，因此患得患失。如果能明白自己的本性，坚守自己的心灵领地，又何必自悔自恼呢？

诗人卞之琳写道："你站在桥上看风景，看风景的人在楼上看你。"大权在握的要员静下心来，有时会羡慕那些路灯下对弈的老百姓，可是平民百姓没有一个不期盼来日能出人头地的；拖家带口的人羡慕独身的自在洒脱，独身者却又对儿女绕膝的那种天伦之乐心向往之……

皇帝有皇帝的烦恼，乞儿有乞儿的欢乐。我们常常会羡慕和追求别人的美好，却忘了尊重自己的本性，稍一受外界的诱惑就可能随波逐流。事实上，每一个人都有自己独有的优点和潜力，只要你能认识到自己的这些优点，并使之充分发挥，就能找到真正的自我。

悟禅靠心

有一次，慧能禅师在别人家中借宿，中午休息的时候，忽然听见有人在念经。慧能倾身细听，感觉有些不对，于是起身来到那个念经的人身边说道："您常常诵读经文，是否了解其中的意思呢？"

那个人摇摇头说:"有一些经文实在难懂!"

慧能就把那个人刚才诵读的部分为他作了详细的解释。他说:"当我们在虚名浮誉的烟云中老去,满头白发的时候,我们想要什么?当生命的火焰即将熄灭,心跳与呼吸即将停止的时候,什么是我们最后的希望?当坟墓里的身体腐烂成尸骸,尘归尘,土归土,生命成为毫无知觉的虚空之后,我们在哪里?"

一时间,天清地明,那个人混沌顿开,似乎隐约能看见生命的曙光了。

那个人接着又问慧能佛经上几个字的解释,没想到的是,慧能竟然大笑着回答道:"我不认识字,您就直接问我意思吧!"那个人听了他的话大吃一惊,说道:"您连字都不认识,怎么能够了解意思呢?怎么能够理解佛理呢?"

慧能笑着说:"骑马的时候,不一定必须有缰绳,那是给那些初学者准备的,一旦入门,就可以摆脱缰绳,往想去的任何地方自由驰骋。"

禅的玄妙义理和文字没有关系,文字只是工具,理解靠的是心,是悟性,而不是文字。

山羊还是老虎

一个小和尚问枯木大师:"师父,为什么人们常说'世界上最重要的事就是认识自己'呢?"

枯木大师回答道:"因为一个人对自己的认识和人生的态度决定了他的前途。"看着小和尚似懂非懂的样子,他又讲了这样一个故事:

一只小老虎因母虎被杀而被一头山羊收养。几个月下来,小老虎喝母山羊的奶,跟小山羊玩,尽力去学做一只山羊。过了一阵子,事情一直不对劲,尽管这只老虎努力去学,它仍不能变成一只山羊。它的样子不像山羊,它的气味不像山羊,它无法发出山羊的声音。其他山羊开始怕它,因为它玩得太粗鲁,而且它的身体太大。这头孤儿老虎退缩了,它觉得被排斥,觉得自己不好,不知道自己错在哪里。

一天,传来一声巨响!山羊四散奔逃,只有小老虎坐在岩石上不动。

突然,一头庞大的野兽走进它所在的空地,身上的颜色是棕色,还有黑色条纹,它的眼睛炯炯如火。

"你在这羊群中做什么?"那个入侵者对小老虎说。

"我是一只山羊。"小老虎说。

"跟我来!"那头巨兽以一种权威的口吻说。

小老虎发抖地跟着巨兽走入丛林中。最后,它们来到一条大河边。巨兽低头喝水。

"过来喝水。"巨兽说。

小老虎也走到河边喝水,它在河中看到两头一样的动物,一头较小,但都有条纹。

"那是谁?"小老虎问。

"那是你——真正的你!"

"不,我是一只山羊!"小老虎抗议道。

突然,巨兽拱起身子来,发出一声巨吼,使整座丛林为之动摇不已,等声音停止后,一切都静悄悄的。

"现在,你也吼一下!"巨兽说。

最初很困难,小老虎张大嘴,但发出的声音像呜咽。

"再来!你可以办到!"巨兽说。

"现在,"那头大斑斓虎说,"你是一头老虎,不是一只山羊!"

小老虎开始了解它为何在跟山羊玩时感到不满意。接连三天,它在丛林中漫步。当它怀疑自己是老虎时,它会拱起身子来大吼一声,它的吼声虽不及那头大虎那么雄壮,但已够了!

你的态度决定了你的前途,你想着自己是什么样的人,你就会成为什么样的人。

禅师的哑语

弟子前去拜见禅师,问道:"师父,为什么我觉得自己这些年来总是没有长进?"

禅师笑着说:"先喝杯水吧!"于是就拿起桌子上的茶壶,然后往杯子里倒水。水很快满了,但禅师却仍不罢手,依旧往杯里注水。

弟子提醒他:"杯子已经注满了。"禅师意味深长地对弟子说:"再倒一些吧,说不定能更多一些呢!"

弟子笑着说:"杯子已经满了,你再怎么倒也不能增加杯里的水。"

禅师说:"这个道理你也懂呀,可是你为什么还来问我呢?"

弟子终于醒悟,自言自语地说道:"是啊!人生也是这样的道理,心里装的东西太多了,自然装不进去其他的了!"

　　禅师看他很快就明白了,便笑着说:"是啊!人往高处走,水向低处流。很多人只想着往心里装更多的东西,以得到自己想要的。但是他越是这样想,就越不能得到,因为他们已经满了,怎么能装进去东西呢?于是他们就找各种各样的借口,认为自己老了。其实人的老化关键不在于肉体上的老化,首先应该是精神上的老化。当一个人无法接受新事物的时候,老化的过程就开始了。一个人之所以无法接受新事物,并不是因为他不需要,而是他内心的那只杯子,已经被杂念装满了。"

　　你心里的那个杯子装了多少杂念?要想把新的东西装进去,只有把原来的旧东西倒掉。

时时勤拂拭

　　禅宗第五代祖师弘忍禅师宣布要传授衣钵,选出法嗣,叫大家陈述心得。

　　这时,一位首席的上座师神秀,在走廊的墙壁上写了一首偈语,"身是菩提树,心如明镜台。时时勤拂拭,莫使惹尘埃。"一个糟厂舂米的苦工看了神秀偈语以后,也写了一首偈语:"菩提本无树,明镜亦非台。本来无一物,何处惹尘埃!"后来这个苦工就继承了衣钵,他就是禅宗第六代祖师慧能。

　　当然,慧能禅师的境界非一般人所能企及,而神秀偈语"身是菩提树，心如明镜台。时时勤拂拭，莫使惹尘埃"是说：众生的身体就是一棵觉悟的智慧树，众生的心灵就像一座明亮的台镜。要时时不断地将它掸拂擦拭，不让它被尘垢污染障蔽了光明的本性。

或许此意对于我们凡夫俗子之辈更为合适。生活在熙熙攘攘、名来利往的现代社会中的我们，这个偈语实在是战胜自身烦恼、解除心灵痛苦、获得自我解脱的一剂良药。

"时时勤拂拭，莫使惹尘埃"，是一种积极的人生态度，是在对世界包括自我的本质有了充分把握之后的一种修为。

自己的行为自己决定

佛印和苏东坡到茶馆里喝茶。

侍者见佛印是一个出家人，就对他态度非常冷淡，而对苏东坡则十分热情。

苏东坡感到过意不去，几次提醒侍者对佛印客气些。但是侍者显然是一个非常势利的小人，依然对苏东坡明显更热情些。

苏东坡不高兴了。

结完了账，佛印掏出几文银子，递给侍者，并一再道谢，态度非常谦恭。

走出茶馆门口，苏东坡问佛印："这家伙态度很差，是不是？"

佛印说："他是一个势利的小人，他的行为真令人讨厌。"

苏东坡问："那么你为什么对他还是那样客气，而且还赏钱给他呢？"

佛印答道："为什么我要让他决定我的行为？"

"为什么要让他决定我的行为"，多么耐人寻味的一句话！如果我们都学会这样想、这么做，生活中该减少多少无端的烦恼啊！

每个人都有自己的想法

无难禅师原是一个江湖浪子，后来受了愚堂禅师的感化才入了禅门，终有所成。无难只有一位继承人，名叫正受。正受完成学业之后，无难将他叫到跟前说："我有一本书，这本书代代相传，到你这里已经是第七代了。我看你慧根不浅，决定把这本书交给你，你要小心珍藏。"

"既然这本书如此重要，您最好还是自己保存吧！"正受果断地拒绝了。

无难很生气，说道："我决定把这本书给你，是因为希望你把佛的意志传下去，我只有你这一个弟子，你为什么不接受呢？"

正受解释说："我接受的是你这里的禅理，而不是你这里的书！"

无以难语重心长地说："这本书已经传承了七代了，不能到我这里就传不下去了，你还是拿去吧！"然后就把书塞给了正受。

正受没有办法，只好接过书，然后把它扔到了火炉中。

无难看到徒弟这样，顿时怒从心中来，不禁吼道："你在干什么？"

"你在说什么？"正受也吼道。

无难望着徒弟，突然感觉自己老了，但他可以肯定的是"法"仍会传承下去，面前的这个弟子一定会比自己强，会让佛法发扬光大的。火炉里的火依然在舞动，书上的文字随着火升腾到了空中。

不管是任何人都不要把自己的意志强加在别人身上，每个人都有自己的想法，而且可能更好！

世上无难事，只怕有心人

善静和尚 27 岁的时候，弃官出家，他去乐普山投奔元安禅师，禅师令善静管理寺院的菜园，在劳动的过程中修行。

有一天，寺内一位僧人认为自己已经修业成功，可以下山云游了，于是就到元安禅师那里向他辞行。当然，下山是要等到禅师的批准的。

元安禅师听了僧人请求，笑着对他说："四面都是山，你往何处去？"

僧人无法想出其中蕴涵的禅理，只好转身回去。

那人无意中走进了寺院的菜园子。

善静正在锄草，看见僧人愁眉苦脸的样子就惊讶地问："师兄为何苦恼？"

僧人就将事情的来龙去脉一五一十地告诉了他。

善静马上想到"四面的山"就是暗指"重重困难"、"层层障碍"。元安禅师实际上是想考考僧人的信念和决心。可惜，僧人参透不了师父的旨意，于是笑着对僧人说："竹密岂妨流水过，山高怎阻野云飞。"意思是：只要有决心，有毅力，任何高山都无法阻挡。

僧人于是就来到元安禅师那里，对禅师说："竹密岂妨流水过，山高怎阻野云飞。"

僧人以为师父一定会喜笑颜开地夸奖他，然后准他下山，谁知元安禅师听后，先是一怔，继而眉头一皱，两眼直视僧人道："这肯定不是你拟的答案！是谁帮助你的？"

僧人见师父已经察觉，于是只好把善静和尚的名字说了出来。

元安禅师对僧人说："管理菜园的僧人善静和尚，将来一定大有一番作为的！多学着点吧，他都没有提出下山，你还要下山吗？"

世上无难事，只怕有心人！世上没有不可逾越的障碍，关键在于自身，只要下定决心，一切困难都能迎刃而解。

老与小的定位

有个居士到寺院拜访一位年轻的住持。两人交谈时，住持对身旁的老和尚说："去，倒杯茶请客人喝。"一会儿，住持又招手说："再去切一盘水果。"老和尚一一遵从年轻住持的指使。

居士心想，这个年轻的住持法师，怎么可以对老和尚如此不恭敬，使唤他倒茶、切水果，实在是没道理。

过了一会儿，住持对老和尚说："我现在有事必须出门，你带这位居士到餐厅用饭。"

住持走了以后，居士按捺不住心中的不满，向老和尚问道："这个住持是你的什么人？"

老和尚回答："他是我的徒弟。"

居士听了更加生气："他既然是你的弟子，怎么可以对你讲话这么没有礼貌？还叫你去倒茶、切水果。"

老和尚听了哈哈大笑："噢！你错怪他了。我的徒弟对我很恭敬，对我很照顾。你看他只叫我倒茶，没让我去烧水；只叫我切水果，并没有要我种水果。我的徒弟处处体谅我年老没有气力，没有要求我负担太多的工作。"

居士听完老和尚的一番话，还是不解地再问道："究竟是师父大，还是徒弟大？"

老和尚正色答道："佛门中不论大小的差别，他年轻可以担起住持的重任，我年老了就做一点小事，何必去计较谁大谁小呢？"

我们在家庭、工作中，假如有老和尚这样的雅量，这样开阔的胸襟，上司部属、父子婆媳，不去计较一定要对方恭敬顺从，换一个角度，用关怀的心去服务别人，彼此就能水乳交融，就如同《阿弥陀经》中"诸上善人俱会一处"，彼此成就眼前清净光明的心灵净土。

灭却心头火亦凉

有一位虔诚的居士，每天都从自家的花园里，采撷鲜花到寺院供佛，一天，当她正送花到佛殿时，碰巧遇到无德禅师从法堂出来，无德禅师非常欣喜地说道："你每天都这么虔诚地来以香花供佛，依经典的记载，常以香花供佛者，来世当得庄严相貌的福报。"

居士非常欢喜回答道："这是应该的，我每天来寺礼佛时，自觉心灵就像洗涤过似的清凉，但回到家中，心就烦乱了，我们一个家庭主妇，如何在烦嚣的城市中保持一颗清净纯洁的心呢？"

无德禅师反问道："你以鲜花献佛，相信你对花草总有一些常识，我现在问你，你如何保持花朵的新鲜呢？"

居士答道："保持花朵新鲜的方法，莫过于每天换水，并且于换水时把花梗剪去一截，因花梗的一端在水里容易腐烂，腐烂之后水分不易吸收，就容易凋谢！"

无德禅师道："保持一颗清净纯洁的心，其道理也是一样，我们生活环境像瓶里的水，我们就是花，唯有不停净化我们的身心，变化我们的气质，并且不断地忏悔、检讨，改进陋习、缺点，才能不断吸收到大自然的食粮。"

居士听后，欢喜作礼感谢说道："谢谢禅师的开示，希望以后有机会亲近禅师，过一段寺院中禅者的生活，享受晨钟暮鼓、菩提梵唱的宁静。"

无德禅师道："你的呼吸便是梵唱，脉搏跳动就是钟鼓，身体便是庙宇，两耳就是菩提，无处不是宁静，又何必非到寺院中生活呢？"

古德说"热闹场中做道场"，宁静，只要自己息下妄缘，抛开杂念，哪里不可宁静呢！如果自己妄想不除，就算住在深山古寺，一样无法修持，禅者重视"当下"，何必明天呢？"参禅何须山水地，灭却心头火亦凉。"即此之谓也。

不能自欺欺人

从前有个老和尚总是自高自大，喜欢吹嘘自己道行高深。其实他大腹便便却是腹内草莽，没有什么真才实学，为此还闹出了不少笑话。

他为了让众人相信自己，还特地找了两名能说会道的侍僧，以此来显示他的功夫。有人来问禅，他就让侍僧来替他作答，而他自己却正襟危坐，一言不发，看起来好像高深莫测。众人也都没发现什么，反倒以为这和尚真是得道高僧，连弟子都这么厉害，于是争相传颂。和尚得知后，更加洋洋自得，飘飘然起来。

这天，来了一位游僧向他问禅，可他的侍僧正好外出有事。这回老和尚可是心急如焚，但也只能硬着头皮听别人问话。

游僧问："什么是佛？"老和尚回答不上来，只好东张西望。此时他多么希望弟子在身边呀！

没想到游僧看到他的样子，却朝他点了点头，后又接着问："什么是法？"

什么是佛都不知道，还提什么法呀？老和尚依然回答不出来，只好装模作样看看屋顶，然后又看看地下。

这些令游僧有些吃惊，于是接着又问："什么是僧？"至此，老和尚再也没有别的花招，只好闭上了眼睛。

最后，游僧又问："什么是福？"

呜呼！老和尚无可奈何，只好举起双手，意思是你饶了我吧，我已经走投无路了。没想到游僧看到他这样做显得更为震惊，并且佩服得五体投地，辞别"大师"，重新上路。

刚出门不远，正好碰上了老和尚的两位弟子回来了。游僧便谈起了他们的师父，赞不绝口："我问他什么是佛，他马上东看看，西望望，表示众生到处求佛，不知佛在东方，还是在西方。接着我又问他什么是法，他以俯仰作答，表示法是平等，没有上下。当我问他什么是僧时，他却只是闭上眼睛，一言不发，这就是说：闭目深山处，始知是高僧。最后我才问他什么是福，他却伸开了双手举过了头顶，以示他施法普度众生。他可真是一位大悟的禅师！他的禅道我自愧弗如啊！"

侍僧听后心中不禁暗笑，老和尚就这样蒙混过关了。

认认真真做事，踏踏实实做人。凡事不要不懂装懂，自欺欺人。虽然能蒙得了一时，但却蒙不了一世，总有一天会露出马脚。

草木成佛

日本的真观禅师在中国学佛参禅，走遍中国的名山丛林。20多年后，真观禅师终于证得禅宗心法，整装回国，在东都、奈良等地弘扬禅宗。各地学者蜂拥而来参禅悟道，大家都争相提出各种难题，要禅师解答。

面对种种问题，真观禅师总是闭着眼睛，不予回答。禅师不愿和人议论禅门公案，认为大家对公案搬来说去，并不能得到真正的受用。

一天，有一位研究天台教义30余年的道文法师慕名而来，非常诚恳地问道："我自幼研习天台法华思想，有一个问题始终不能理解。"

真观禅师非常爽朗地答道："天台法华的思想博大精深，圆融无碍，应该问题很多，而你只有一个问题不解，不知是什么问题？"

道文法师问道："《法华经》说：'情与无情，同圆种智。'这意思就是认为树木花草皆能成佛。请问：花草成佛真有可能吗？"

真观禅师不答反问："30年来，你挂念着花草树木能否成佛，这对你有何益处？你应该关心的是你自己如何成佛。"

道文法师先是讶异，然后说道："我没有这样想过。那请问我自己如何成佛？"

真观禅师道："你说只有一个问题问我，关于第二个问题就要你自己去解决了。"

大地山河、花草树木，一切宇宙万物，都是从我们自性中流出，只要我们成佛，当然一切草木都跟着成佛。

第二章 从善去恶常怀慈悲

chapter 2

佛家弟子常念"我佛慈悲",常怀悲悯之心则恶念不生,人便活得踏实、平和。善与恶、爱与仇在人心里此消彼长,你必须谨慎把持,以使佛心常驻。

勿以恶小而为之

　　白居易为官时曾去拜访鸟窠道林禅师，他看见禅师端坐在鹊巢边，于是说："禅师住在树上，太危险了！"

　　禅师回答说："太守，你的处境才非常危险！"

　　白居易听了不以为然地说："下官是当朝重要官员，有什么危险呢？"

　　禅师说："薪火相交，纵性不停，怎能说不危险呢？"意思是说官场浮沉，钩心斗角，危险就在眼前。

　　白居易似乎有些领悟，转个话题又问道："如何是佛法大意？"

　　禅师回答道："诸恶莫做，众善奉行。"

　　白居易听了，以为禅师会开示自己深奥的道理，没想到只是如此平常的话，便失望地说：

　　"这是三岁孩儿也知道的道理呀！"

　　禅师说："三岁孩儿虽会说，八十老翁却不会做。"

　　白居易被禅师一语惊醒。

　　"勿以善小而不为，勿以恶小而为之。"谁都知道这个道理，但能够做到的人却很少。

愚昧之人，其实亦知善业与恶业之分别，但时时以为是小恶，做之无害，却不知时时做之，积久亦成大恶。犹水之一小滴，滴入瓶中，久之，瓶亦因此一滴一滴之水而满。故虽小恶，亦不可做之，做之，则有恶满之日。

佛的慈悲心

从前，有师徒二人云游四方。老和尚拿着一根锡杖，他让小和尚也拿着一根锡杖。小和尚很纳闷：师父为什么要让我拿根棍子呢？

一天，师徒二人走上了一条崎岖不平的山路。老和尚走在前面，他每走一步，都要先把锡杖在脚前面点一下。小和尚看了，更觉得奇怪，就疑惑地问："师父，我们云游时为什么要拿锡杖？"老和尚说："我们拿锡杖的目的是警告脚下的虫子快逃，以免把它们踩死在自己脚下。这就是佛的慈悲心。"

虽然现代人智慧大开，但是有些人慈悲心却未见增长。有些人对智慧低的动物，往往都以是否对自己有益为标准。凡于己有益者，就供己使用；凡于己无益者，则毫不在意地加以驱除杀戮。今天，人类努力开发自然，同时也使许多种类的动物濒临灭绝或永远消失了。

勇于修正自己的错误

有一次,一位禅师乘火车时,有一位年轻人神情慌张跑来坐在他的旁边,一会儿两个警察也直奔过来,在他还没有会意时,身边的年轻人对禅师说:"你的念珠借我。"警察到了禅师的座位前,怀疑地端详年轻人,彼此小声地商讨着:"好像是他吧!""应该不是他,你看他是个修行人,拿着念珠不停地念佛。"

两个警察走了以后,小偷把念珠还给禅师,看禅师是出家人,比较放心,就主动告诉禅师实情。他刚刚在候车站,偷了人家的钱,被警察发现了,他只得跳上这班火车逃匿。他向禅师不断感谢说:"谢谢你的念珠救了我。"

禅师回答他:"我的念珠也只能救你一时,但不能救你的心。如果你偷盗的心不肯改正,以后还是有警察。"

小偷听了禅师的话,表情诧异,静静地站起来。走到前面的车厢,向警察告白认罪。在下一个停靠的车站,他伫立在禅师的窗前,双手被手铐锁着,禅师推开车窗向他说:"恭喜你重生了!得到心灵的自由。"

这段火车上的奇遇,还有后续的发展。过了几年,禅师再度和他重逢。他带着新婚的太太,满是喜悦的神采,对禅师说:"感谢你救了我的心,也救了我的一生。我听你的话,甘心情愿地接受牢役,现在有了工作和家庭,生活过得安心自在。如果当时没有你的一席话,我逃得了一世,却永远住在心的牢狱,得不到平安和幸福。"

人非圣贤,孰能无过呢?佛经上说,世间上有两种清净人,一种是断除诸恶的圣贤;一种是犯错改过的人。这两种人,同等尊贵,同等清白。

承担自己的错误，勇于修正改过，就像这段火车奇遇记的年轻人，救自己的心，挣脱内在的牢狱，为自己换来平安和幸福，得到人生的幸福。运气只是一时，幸福靠的是大无畏的勇气。

美好的东西应与人一起分享

禅师在院子里种了一株菊花，第三年的秋天，院子成了菊花园，香味一直传到了山下的村子里。

凡是来寺院的人都忍不住赞叹道："好美的花儿呀！"

一天，有人开口向禅师要几株花种在自家院子里，禅师答应了。他亲自动手挑拣开得最鲜、枝叶最粗的植株，连根送到了别人家里。消息很快传开了，前来要花的人接连不断。在禅师眼里，这些人一个比一个知心、一个比一个亲近，都要给。不多日，院里的菊花就被送得一干二净。

没有了菊花，院子里就如同没有了阳光一样寂寞。

秋天最后的一个黄昏，弟子看到满院的凄凉，说道："真可惜！这里本应该是满院香味的。"

禅师笑着对弟子说："你想想，这样岂不是更好，三年后一村子菊香！"

"一村菊香！"弟子不由心头一热，看着禅师，只见他脸上的笑容比开得最好的菊花还要灿烂。

禅师说:"我们应该把美好的事与别人一起共享,让每一个人都感受到这种幸福,即使自己一无所有了,心里也是幸福的!这时候我们才真正拥有了幸福。"

不要总想着自己,应该把自己美好的东西拿出来与别人一起分享。当你看到别人脸上洋溢的笑容时,你会体会到,其实与别人分享幸福比自己占有幸福更幸福!

善恶全在心中

挑水云水僧,是一位有名的禅师,曾在好几个丛林禅院住过,可以说饱参饱学,并在各地教过学。

他所主持的这一个禅院,吸引了太多的僧众,但这些学生往往不能忍苦耐劳,常常半途而废,使他不得不对他们表示,他将辞去教席,并劝他们解散,各奔前程。此后,谁也没有发现挑水禅师的行踪。

三年后,他的一位门人发现他在京城的一座桥下,与一些乞丐生活在一起,这位门人立即恳求挑水禅师给他开示。

挑水禅师不客气地告诉他:"你没有资格接受我的指导。"

门徒问道:"要怎样我才能有资格呢?"

挑水禅师道:"如果你能像我一样在桥下过上三五天的时间,我也许可以教你。"

于是，这名门人弟子扮成乞丐模样，与挑水禅师共度了一天乞丐的生活。第二天，乞丐群中死了一人，挑水禅师于午夜时分同这位学生将尸体搬至山边埋了，事完之后，仍然回到桥下他们的寄身之处。

挑水倒身便睡，一直睡到天亮，但他这位学生却始终未能入眠。天明之后，挑水禅师对门人说道："今天不必出去乞食了，我们那位死了的同伙还剩一些食物在那儿。"然而这位门人看到那肮脏的碗盘，却是一口也吞咽不下去。

挑水禅师不客气地说道："我曾说你无法跟我学习，这里净土，你无法享受，你还是回到你的人间吧！请不要把我的住处告诉别人，因为净土的人，不望有别人的打扰！"

门人哭着跪下来，诉说道："老师！你珍重吧！弟子确实没有资格跟你学习，因为你所说的净土，弟子无法领会！"

一个真正禅者的眼中，净土在哪里？卑贱工作里有净土，爱人利物里有净土，化他转境里有净土，原来净土是在禅者的心中，不在心外。

谁是最可爱的人

真理就在日常生活中，种种的因缘果报也在日常的心念、动作中形成，所以我们要分秒不空过，把握时间累积善因缘，自然会得到无量的善果；能够广结善缘，发挥自我良能，就是一个可爱的人。

人生时时刻刻都在接受时间的挑战，谁也无法留住分秒；因此，一定要懂得惜时，勇于与时竞争，接受人事考验，才会有成功的人生。

如何才能善用时间不空过？就要自爱。真正自爱、善用"使用权"的人，才会有效地运用时间，这是一门"人生哲学"。

佛在世的时代，有一回，舍卫国的国王和夫人在谈天，国王问夫人："世界上哪种人最可爱？"

夫人回答："自爱的人最可爱。"

国王想认同夫人的意见，但又怀疑到底正不正确，国王非常认真地思考这个问题，始终没有定论。

于是国王就去请教正好在舍卫国的佛陀。他到佛陀座前礼拜并恭敬请问："佛陀！有个问题我思考了很久，想请教您，哪种人才是最可爱的人？"佛陀反问国王："你认为呢？"

国王将思考多日的想法表达出来：他也认为爱自己的人最可爱，真正自爱的人就是，时时口出良言、心有善念、身行好事；常以善意对待他人，他人也会同样用善良的心回报；如果口出恶言、身造恶行、心想恶事，别人也会以牙还牙，这正是自取其辱。既然惹人厌恶，还有什么可爱？

佛陀点头微笑，很欢喜地说："国王，这就是真理、智慧。人与人之间都是相对的，一片好意、一句好话或和善的动作，都是种'好因'，别人对你的观感，反映出友好的态度则是结'善果'；如果对人恶形恶状，别人回报的必然是恶果。"

去除自身不良的习气

每个人都带着习气生活，平时日子过得平静，不会发觉自己的习气；人多、事多，面对复杂的环境，习气、缺点就容易表露无遗。

不懂道理的人会说："我本性如此。"发过脾气还不觉得有错，这就是凡夫；然而习气影响甚巨，一般人也不易察觉。

佛陀曾说过一则寓言：

很久以前，在茂密广阔的山林中，有种非常美丽的鸟，叫做白金鸟，纯白的羽毛，阳光一照就现出五彩光芒，闪闪发亮。有一天，白金鸟王要为美丽可爱的女儿公开招婿，全山林美丽的鸟都聚集一堂，希望能被鸟王的女儿选上，做鸟王的乘龙快婿。

鸟王的女儿看了看，就说："我想挑选孔雀为夫，因为它的羽毛、体态都很漂亮。"群鸟听了，既羡慕又兴奋地向孔雀道贺祝福。孔雀竟然得意忘形，骄傲地对众鸟说："那是你们平时都不知道我的本领和优点。"说着就炫耀地将羽毛展开，扬扬得意。

鸟王原本很高兴，然而看到孔雀如此骄傲，万分失望，觉得这就是孔雀的习气，不顾廉耻、不懂谦虚，没资格做鸟王的女婿，立即另选德貌双全的鸟为婿；孔雀只好丧气地离开，想不到，已经得到的殊荣，竟轻易地拱手让出。

这就是习气造成的损失，习气人人都有，但是在日常生活中要好好自我磨炼，时时警惕自己，努力去除习气，时时反省一言一行有无过失，防止在日常生活中，习气不经意地显露出来。

譬如：对自己宽容，却好与人计较；犯了错还找借口掩饰，忘了是非往往是自己所引起的。真正的善解、包容是要对他人，不是好的归自己、坏的都是别人的。

"报复"丈夫的办法

一位女士愤愤不平地告诉一位禅师，她恨透了她的丈夫，因此非离婚不可。

禅师向她建议："既然已经走到这个地步，我劝你尽量想办法关爱他。当他觉得不能没有你，并且以为你深爱他时，你再断然跟他离婚，让他痛苦不堪。"女士觉得禅师不愧为智者，给她出的点子真是绝妙。

几个月过后，女士又回来找禅师，说一切都进行得很好。禅师说："行了，现在你们可以办理离婚了！"

她说："什么？离婚，才不呢！现在我从心里爱着我的丈夫了！"

爱、希望和耐心是幸福之源。爱换来爱，爱让希望添上翅膀，使内心永远充满活力。爱即仁慈、宽厚；爱即坦率、真诚。一切美好的东西都源于爱。爱是光明的使者，是幸福的引路人。爱是"照耀在茫茫草原上的一轮红日，是百花丛中的绚丽阳光"。无数欢快的念头都从爱的呼唤中翩翩而来。爱是无价的，但它并不花费任何东西。爱为拥有自己的人祈神赐福，一个心中拥有爱的人，幸福总会伴随他，爱与幸福是不可分割的。因为爱，痛苦会化为幸福，伤心的泪水也会化作甘泉。

善念就是希望

有一天，佛陀从地狱之井往下望去，只见无数生前作恶多端的人，正因自己的罪恶而饱受地狱之火的煎熬，脸上的表情痛苦无比。

此时，一个强盗看到了慈悲的佛陀，马上祈求佛陀救他。佛陀知道这人生前是个无恶不作的大盗，烧杀抢掠，任意伤害生灵。但是，他也不是一件善事都没有做过。有一次，他走路时，正要踩到一只小蜘蛛时，突然心存善念，动了怜悯之心，移开了脚步，放过了那只小蜘蛛，这成了他一生中罕见的善业。

想到这里，佛陀认为他还有一丝善念，于是决定用那只小蜘蛛的力量来救他脱离苦海。

佛陀从井口垂下一根蜘蛛丝，大盗像发现了救命稻草一样拼命抓住了那根蜘蛛丝，然后用全力向上爬。

可是其他在井中受煎熬的人也看到了这样的机会，都蜂拥抓住那根蜘蛛丝，无论大盗怎么用恶言相骂，他们都不肯松开双手。

蜘蛛丝上的人越来越多，大盗担心蜘蛛丝太细，不能承受这么多人的重量，从而将自己脱离苦海的唯一希望毁灭，于是用刀将自己身下的蜘蛛丝砍断了。

结果，蜘蛛丝突然消失了，所有的人又重新跌入地狱。

大盗连最后的一点怜悯之心都没有了，所以，他生前善业感召化生的蜘蛛丝也消失了。

所以，遇事时只顾念自己的利益，不顾念他人的利益，也就得不到他人的顾念。相反，为别人着想，就会得到别人的关心；伤害别人就会得到别人的伤害；帮助别人就会得到别人的帮助；同时，能为更多的人着想，就会得到更多的人的关心，还会得到正义之士的支持，乃至于神灵的护佑。

这就是现实中的因果循环，种什么因结什么果，不过是种善得善，种恶得恶。

牢记五个"放"

新来的小沙弥，对什么都好奇。秋天，禅院里红叶飞舞，小沙弥跑去问师父："红叶这么美，为什么会掉呢？"

师父一笑："因为冬天来了，树撑不住那么多叶子，只好舍。这不是'放弃'，是'放下'！"

冬天来了，小沙弥看见师兄们把院子里的水缸扣过来，又跑去问师父："好好的水，为什么要倒掉呢？"

师父笑笑："因为冬天冷，水结冰膨胀，会把缸撑破，所以要倒干净。这不是'真空'，是'放空'！"

大雪纷飞，厚厚的，一层又一层，积在几棵盆栽的龙柏上。师父吩咐徒弟合力把盆扳倒，让树躺下来。小和尚又不解了，急着问："龙柏好好的，为什么弄倒？"

师父正色道："谁说好好的？你没见雪把柏枝都压塌了吗？再压就断了。那不是'放倒'，是'放平'。为了保护它，教它躺平休息休息，等雪霁再扶起来。"

天寒，香火少多了，小沙弥紧张起来，跑去问师父怎么办。

"少你吃、少你穿了吗？"师父瞪一眼，"数数！柜里还挂了多少衣服？柴房里还堆了多少柴？仓库里还积了多少土豆？别想没有的，想想还有的。苦日子总会过去的，春天总会来，你要放心。'放心'不是'不用心'，是把心安顿。"

春天果然跟着来了，大概因为冬天的雪水特别多，春花烂漫，胜于往年，前殿的香火也渐渐恢复往日的盛况。师父要出远门了，小沙弥追到山门："师父您走了，我们怎么办？"

师父笑着挥挥手："你们能放下、放空、放平、放心，我还有什么不能放手的呢？"

"逝者如斯夫，不舍昼夜。"过去的事情依然过去，繁花似锦也罢，一塌糊涂也罢，归零是必然的，你何必还恋恋不舍，耿耿于怀？禅的最高境界在于"放下"，放下爱的禅理类似于"得与失"的智慧，失即是得，是一种痛苦，也是幸福，因为只有失去，空下的双手，才能拾起新来的幸福。

长大了就不苦

一位年轻人向大师诉说内心的痛苦。

"长大了，就不苦了。"大师说。

"可我已经长大了。"年轻人说。

"可你指的长大,是年龄的长大,是身体发育的成熟。"

"一个人,除了年龄的增长和身体发育成熟外,难道还有别的什么成熟吗?"

"有。那就是内心的成熟。"大师说,"你内心没有成熟,当然会觉得痛苦。"大师说完,拿来两枚果子,一枚成熟的,一枚青涩的,然后再把两枚果子从中间切开。大师问:"你比较一下两枚果子的横截面,它们有什么不同吗?"

年轻人仔细对照了一番,说:"那青涩的果子内心是空的,而那成熟的果子内心是实的。另外,成熟的果子内心有果核,而青涩的果子却没有。"

"我们知道,成熟的果子是甜的,青涩的、未成熟的果子是苦的。"大师说,"为什么呢?因为未成熟的果子内心没有长大和成熟。内心怎样才算长大和成熟呢?就像这枚成熟的果子一样,内心永远是充实的。另外,你再看,这枚成熟果子的果核代表什么呢?"

"这果核,就是果实的种子,它代表着内心的希望和信念。"大师继续说,"一枚果子内心永远是充实的,永远充满着希望和信念,那么就证明这枚果子已经成熟了,自然也就变得甘甜了。一个人也是如此,当他内心充实,饱含着希望和信念,他就是一个幸福的人,一个快乐的人,一个内心充满甜蜜的人。"

幸福是每个人都想要的,我们总是喜欢说追求或争取幸福,仿佛幸福是高高挂在天上的奖牌,必须经过一番竞争与奋斗才能获得。这种普遍的意象使许多人认为,幸福是来自身心之外的某种东西。然而,你是否有过这样的经验:当自己得意地看着手中辛苦挣来的战利品时,却隐约察觉到有一种失落感,因为所期待的"幸福"并未随之而来。其实,幸福就在你的心中,如果你心里充满着幸福,你就是一个幸福的人了。

别人的错

一个小和尚常被师兄弟欺负。一次,他与师兄弟们大闹了一场,被师父赶出寺院。

小和尚无法理解师兄弟们为什么老是欺负他,更无法理解师父为什么总是偏袒师兄弟。离开寺院后,他万念俱灰,什么事也不想做,成天在野外游荡,就这样过了整整一年。

一天,小和尚来到一条小河边,一位仙风道骨的老者正坐在河边的枯草堆上发呆。

小和尚走过去问:"您为什么坐在这里?"

老者说:"我无法过河。"

小和尚说:"这条河不深,应该很容易过去啊!"

老者说:"河虽然不深,但是水里的石头做错事情了。"

小和尚不解地问:"石头也会做事?它们做错了什么事情?"

老者说:"石头上长满青苔,我一踩上去就会滑倒,所以我过不了河!它们不应该长出那么多青苔的!"

小和尚走到水边看了看,那些石头果然如老者所说,青青的,非常滑,人根本就无法从上面走。他看了看老者身旁的枯草,说:"老人家何必怪石头做错了事？只要我们在脚板上捆一些枯草，踩在石头上就不会滑了！"

老者闻言大悦，连忙与小和尚一起拔了许多枯草捆在脚板上。在小和尚的搀扶下，两人轻松过了河。

老者轻叹了一口气说："我已经在这里坐了三个时辰。我一直怨恨那些石头做错了事，让我过不了河，看来我这种只是责怪石头，自己却不想办法过河的做法，本身就是一种错误啊！"

小和尚听后，若有所思。从那以后，他打开了心结，调整心态，潜心修行，终于修成正果。

烦恼虽有千百种，但是它们和所有事物一样，只是暂时性的存在。恼人、怨人的情绪袭来时，只要善用方法——化解，最后终能调整好自己的心态，不抱怨，不记恨，消除情绪烦恼，开创自己的幸福人生。

慈悲之心

宋朝时，日本荣西禅师来我国学习佛经。从中国留学回到日本的荣西禅师，四处筹募经费，开始盖日本的第一座禅寺。

禅寺即将完成，只剩下佛像的装金。

寺院用仅存的经费买了黄金，打成薄薄的金箔，准备贴镶在佛像的身上。

就在准备装金的前一个夜晚，天气格外地寒冷，突然有一个面容憔悴的男人跑到寺庙。

他跪在地上，对荣西禅师说："我们一家现在已饥寒交迫，恳请禅师帮助我们，我实在没有办法了。"

荣西禅师听了，便开始想拯救他们的办法。忽然看见用来镶如来佛像的金箔，心中一喜，就对他说："把这些金箔拿去应急吧！"

当时，弟子们很惊讶，便问禅师："师父，多可惜啊！你怎么可以这样做呢？"

荣西禅师从容地开示他们道："我只不过在施行慈悲心而已。所谓佛的慈悲心，就是大慈大悲之心。如果佛看见这些可怜的人，即使舍身也会帮助他们。你们想想看，你们到底是为了什么而修行呢？"

弟子们听了，叹服不已，从此更加精进修行。

还有一次，寺里缺粮，每个人都在忍饥挨饿。正好，有一个人向禅师施舍了两匹绸子。禅师很高兴地带回寺里，对大家说："这两匹绸子就会变成明早的稀饭了，我们真是要感谢那个施主！"

正当大家高兴之际，有个衣衫破烂的男人跑进寺来，请求道："我没有路可走了，你们看，我连一件像样的衣服也没有。能否把这两匹绸子施舍给我呢？"

禅师二话没说，就给了他。这次他又开示弟子道："大家都是来求佛法的，如果自己忍受饥饿的痛苦，而能挽救人们的灾难，还不正是我们长久以来的心愿吗？"众弟子皆点头称是。

当我们为自己的付出而努力时，谁在收获和愉悦呢？是我们自己。

当你施舍的时候，你希望接受的人收获和愉悦吗？施舍的同时，毫无顾忌地表现得意和到处嚷嚷，对方会愉悦吗？

只有无我的真心施舍，才能让对方没有压力地接受，让彼此都快乐。

请恭敬我们在帮助的人，没有他们，我们就没有机会为别人服务；没有他们，我们永远也不会懂得自己那颗付出的真心。

欲望是累赘

一位行者到寺庙中拜谒在这里修行的禅师，希望禅师能够解开他心中的疑惑。

行者问道："禅师，人的欲望是什么？"

禅师看了一眼行者，说道："你先回去吧，明天中午的时候再来，记住不要吃饭，也不要喝水。"

尽管行者并不明白禅师的用意，但还是照办了。第二天，他再次来到禅师面前。

"你现在是不是饥肠辘辘、饥渴难耐？"禅师问道。

"是的，我现在可以吃下一头牛，喝下一池水。"行者舔着干裂的嘴唇回答道。

禅师笑了笑："那么你现在随我来吧。"

二人走了很长一段路，来到了一片果林前。禅师递给行者一只硕大的口袋，说："现在你可以到果林里尽情地采摘鲜美诱人的水果，但必须把它们带回寺庙才可以享用。"说罢转身离去。

夕阳西下的时候，行者肩扛着满满的一袋水果，步履蹒跚、汗流浃背地走到禅师面前。

"现在你可以享用这些美味了。"禅师说道。

行者迫不及待地伸手抓过两个很大的苹果，大口大口地咀嚼起来。顷刻间，两个苹果便被他狼吞虎咽地吃了个干净。行者抚摸着自己鼓胀的肚子疑惑地看着禅师。

"你现在还饥渴吗？"禅师问道。

"不，我现在什么也吃不下了。"

"那么这些你千辛万苦背回来却没有被你吃下去的水果又有什么用呢？"禅师指着那剩下的几乎是满满一袋的水果问。

行者顿时恍然大悟。

对于我们每个人来说，其实真正需要的仅仅是两个足够充饥的"苹果"；而剩余的欲望只不过是些毫无用处的累赘罢了。

因此，我们除了自己需要的东西以外，不可要得太多。适可而止需要智慧，最简单的方式，就是时时注意自己的起心、动念，只要不欲，不贪，就是好的心态。

行恶与修善

有学僧请示峻极禅师道："如何才是修行行善的人？"

峻极："担枷带锁者。"

学僧："如何是邪恶为非的人？"

峻极："修禅入定者。"

学僧:"学僧根机愚昧,禅师的开示,颠倒难明,恳求禅师还是用简明易晓的言辞开示吧!"

峻极:"所谓恶者,恶不从善。善者,善不从恶。"

学僧如堕五里雾中,仍然茫然。良久,峻极禅师问学僧道:"懂了吗?"

学僧:"不懂。"

峻极:"行恶者无善念,行善者无恶心,所以说善恶如浮云,无所生也无所灭。"

学僧于言下有悟。

善恶,在世间法讲,做好事名曰善,做坏事名曰恶,善有善报,恶有恶报,三世因果,历然俱在,在事相说,一点不虚。但在本性上讲,善恶之名都不立,若能不思善不思恶,即名见性(见到自己本来面目)。所谓"罪恶本空由心造,心若亡时罪亦空"。行善是枷锁,作恶名禅定,这不怪禅师颠倒。作福行善,一味执着人天福报,岂非为枷锁所囚?作恶为非,虽要恶道流转,但本性仍是如此。故峻极禅师兴大慈悲,发此高论,乃要吾人莫为善恶所迷。应该知道,为善上生时,就一味执着有为法,以为是究竟解脱,这就错了;作恶下坠时,就心灰意冷,以为人生无望,这也是错的。实则"善恶是法,法非善恶"也。

第三章 心地清净泰然处之

平常之人常有，而平常之心难得。反过来讲，正是因为心难平常，人才变得如此平常。《小窗幽记》中有这样一副对联："宠辱不惊，闲看庭前花开花落；去留无意，漫望天上云卷云舒。"这是禅的境界，也是平常心的体现。

禅镜

一面清明的镜子，不论是最美丽的玫瑰花或是最丑陋的腐木，都会显出清楚明确的样貌；不论是悠忽缥缈的白云或是平静恒久的绿野，也都能自在呈现它的状态。

唐朝的光宅慧忠禅师，修行深而微妙，被唐肃宗迎入京城，待以师礼，朝野都敬为国师。

一日，当朝的大臣鱼朝恩来拜见国师，问："何者是无明，无明从何时起？"

慧忠国师不客气地说："佛法快要衰败了，像你这样的人也懂得问佛法！"

鱼朝恩从未受过这样的屈辱，立刻勃然变色，正要发作，国师说："此是无明，无明从此起。"

慧忠国师是说，这就是蒙蔽心性的无明，心性的蒙蔽就是这样开始的。鱼朝恩当即有省，从此对慧忠国师更为钦敬。

任何一个外在的因素使我们波动都是无明。如果能止息外在所带来的内心波动，则无明即止，心也就清明了。

做一株夜来香

一位诗人,他写了不少的诗,也有了一定的名气,可是,他还有相当一部分诗却没有发表出来,也无人欣赏。为此,诗人很苦恼。

这天,诗人向禅师说了自己的苦恼。禅师笑了,指着窗外一株茂盛的植物说:"你看,那是什么花?"诗人看了一眼说:"夜来香。"禅师说:"对,这夜来香只在夜晚开放,所以大家才叫它夜来香。那你知道夜来香为什么不在白天开花,而在夜晚开花吗?"诗人看了看禅师,摇了摇头。

禅师笑着说:"夜晚开花,并无人注意,它开花,只为了取悦自己!"诗人吃了一惊:"取悦自己?"禅师笑道:"白天开放的花,都是为了引人注目,得到他人的赞赏。而这夜来香,在无人欣赏的情况下,依然开放自己,芳香自己,它只是为了让自己快乐。一个人,难道还不如一种植物?"

禅师看了看诗人又说:"许多人,总是把自己快乐的钥匙交给别人,自己所做的一切,都是在做给别人看,让别人来赞赏,仿佛只有这样才能快乐起来。其实,许多时候,我们应该为自己做事。"诗人笑了,他说:"我懂了。一个人,不是活给别人看的,而是为自己而活,要做一个有意义的自己。"

禅师笑着点了点头,又说:"一个人,只有取悦自己,才能不放弃自己;取悦了自己,也就提升了自己;只有取悦了自己,才能影响他人。要知道,夜来香夜晚开放,我们许多人,都是枕着它的芳香入梦的啊。"

这个世界总是离不开人,是一个个活生生的人组成了这个多彩多姿的世界。每个人都有不同的生活方式和习惯，每个人也都有自己的生活理想。人的生活随着不同的时候而变化着，有的很幸运地实现了理想，有的人的理想则付诸流水，人就是在这种不断的追求成功或失败中成长！

人的生命是自己的，每个人的生活都是自己的，生活要靠自己而不是靠别人，我们应该为自己而活，我们不是活给别人看的，更没有必要为了活给别人看而改变自己的活法，活着最重要的是快乐！一个连自己生活都不懂的人又怎么谈得上活得精彩和有意义？又怎能尊重他人的生活？

当然这个世界并不是自己一个人的世界，想怎么样就能怎么样。我们也必须尊重他人，尊重他人的生活！

天堂与地狱只有一线之隔

武士信重向白隐禅师请教："真的有天堂和地狱吗？"

白隐问他："你是做什么的？"

"我是一名武士！"

"什么样的主人会要你做他的门客？看你的面孔，犹如乞丐！"白隐说。

信重非常愤怒，按住剑柄，作势欲拔。

"哦，你有一把剑，但是你的武器也太钝了，根本砍不下我的脑袋。"

白隐毫不在意地继续说。

信重被激得当真拔出剑来。

"地狱之门由此打开。"白隐缓缓说道。

信重心中一震,当下有所悟,遂收起剑向白隐深深鞠了一躬。

"天堂之门由此敞开。"白隐欣然道。

可见天堂与地狱只有一线之隔。愤怒和暴躁的情绪常常引人走入地狱,而安详、平静的情绪却可以将人送入天堂。人的心一旦被负面因素所影响,那这个人就可能成为魔鬼,反之,即可能成为圣人。生活中的我们很可能遭遇很多的不愉快,甚至是不幸,这时的你会怎么办?任不满和怨愤喷薄而出?还是恬淡隐忍,视有若无?

不要期待完美

一位方丈想从两个徒弟中选一个做衣钵传人。

一天,方丈对徒弟说:"你们出去给我拣一片最完美的树叶。"两个徒弟遵命而去。

时间不久,大徒弟回来了,递给方丈一片并不漂亮的树叶,对师父说:"这片树叶虽然并不完美,但它是我看到的最完整的树叶。"

二徒弟在外转了半天,最终空手而归,他对师父说:"我见到了很多很多的树叶,但怎么也挑不出一片最完美的……"

最后,方丈把衣钵传给了大徒弟。

现实生活中女人要寻找的往往是"白马王子",男人寻找的则是美貌无双的"人间尤物",他们寄予爱情与婚姻太多的浪漫,这种过于理想化的憧憬,往往会被生活的现实击打得粉碎。

其实,十全十美的人在现实生活中根本不存在,有些人,特别是女性,往往容易一味沉醉于罗曼史所带给她们的短暂刺激之中。其实爱情可以让人创造奇迹,也可以令人陷入盲目,要知道美满的爱情不是那些日思夜想的白日梦,而即使再美丽的梦想也不过是一个梦而已。脱离实际的幻想,超乎现实的理想化,往往使爱情失去真正的色彩。

活在希望中

一位弟子问禅师说:"我参禅这么久了,为什么还见不到光明呢?"

禅师给他讲了一个故事:

从前,有一老一小相依为命的盲人,靠弹琴卖艺为生。

一天,老人病倒了,自知不久于人世,便把小孩叫到床头,拉着孩子的手吃力地说:"孩子,我这里有个秘方,这个秘方可使你重见光明。我把它放在琴里面了,但你千万记住,你必须在弹断1000根琴弦时才能把它取出来,否则,你是不会重见光明的。"

孩子流着泪答应了师父,老人含笑离去。

一天又一天,一年又一年,孩子将师父的话铭记在心,不停地弹啊弹,将一根根弹断的琴弦收藏着。当他弹断1000根琴弦时,当年的小孩已到垂暮之年，变成一位饱经沧桑的老者。他按捺不住内心的喜悦，双手颤抖着，慢慢地打开琴盒，取出秘方。

然而，别人告诉他，那是一张白纸，上面什么都没有，泪水滴落在纸上，他笑了。

很显然，老人骗了小孩，但这位过去的小孩成了如今的老人，拿着一张什么都没有的白纸，为什么反倒笑了？因为他在一瞬间，突然明白了师父的用心。

虽然是一张白纸，但是他从小到老弹断1000根琴弦后，却悟出了这无字秘方的真谛——在希望中活着，才会看到光明。

故事讲完了，禅师问弟子："看到光明了吗？"

弟子答道："看到了。"

人们都想拥有幸福生活，拥有快乐人生，这就是人们的希望，那么现实中的痛苦和烦恼怎么看呢？如何处理呢？

那就是以我们的美好追求为主线、为魂、为纲，时刻清醒地知晓：是我们的希望和追求，让痛苦和烦恼成为生命的音符——有希望在，苦点算不了什么，痛一点也无所谓，这样的人生一定会绚丽多彩的。

自夸者必自败

曾经有一位学识渊博的老禅师正和俗家弟子们聚在一起聊天。一位富家子弟趾高气扬地向所有人炫耀：他家在郢都郊外的一个村镇旁拥有一望无边的肥沃土地。

当他口若悬河大肆吹嘘自己的富有时，一直在其身旁不动声色的老禅师拿出了一张大地图，然后说："麻烦你指给我看看，我们的国家在哪里？"

"这一大片全是。"学生指着地图扬扬得意地回答。

"很好！那么，郢都在哪里？"老禅师又问。

学生挪着手指在地图上将郢都找出来，但和整个国家相比，的确是太小了。

"那个村镇在哪儿？"老禅师又问。

"那个村镇，这就更小了，好像是在这儿。"学生指着地图上的一个小点说。

最后，老禅师看着他说："现在，请你再指给我看看，你家那块一望无边的肥沃土地在哪里？"

学生急得满头大汗，当然是找不到。他家那块一望无边的肥沃土地在地图上连个影子也没有。他很尴尬又深有感悟地回答道："对不起，我找不到！"

任何人所拥有的一切，与有大美而不言的天地相比，与浩瀚无际的宇宙相比，都不过沧海一粟，实在是微不足道。从历史的长河来看，不管我们拥有什么、拥有多少、拥有多久，都只不过拥有了极其短暂的瞬间。人誉我谦，又增一美；自夸自败，又增一毁。无论何时何地，我们永远都应保持一颗谦恭有礼的心。

以平常心泰然处之

有一个人曾经问慧海禅师:"禅师,你可有什么与众不同的地方吗?"

慧海禅师答道:"有!"

"那是什么?"这个人问道。

慧海禅师回答:"我感觉饿的时候就吃饭,感觉疲倦的时候就睡觉。"

"这算什么与众不同的地方,每个人都是这样的呀,有什么区别呢?"这个人不屑地说。

慧海禅师答道:"当然是不一样的了!"

"这有什么不一样的?"那人问道。

慧海禅师说:"他们吃饭的时候总是想着别的事情,不专心吃饭;他们睡觉的时候也总是做梦,睡不安稳。而我吃饭就是吃饭,什么也不想;我睡觉的时候从来不做梦,所以睡得安稳。这就是我与众不同的地方。"

慧海禅师继续说道:"世人很难做到一心一用,他们总是在利害得失中穿梭,囿于浮华、宠辱,产生了种种思量和千般妄想。他们在生命的表层停留不前,这成为他们最大的障碍,他们因此而迷失了自己,丧失了平常心。要知道,生命的意义并不是这样,只有将心融入世界,用平常心去感受生命,才能找到生命的真谛。"

《小窗幽记》中有这样一副对联:"宠辱不惊,闲看庭前花开花落;去留无意,漫望天上云卷云舒。"寥寥几字便足可看出作者的心境:无论何时何地,以平常心泰然处之,任世间起伏变化,我独守心灵的净土,幽然独坐,外物的一切皆不能打扰我的内心。这就是人生入世时的境界,唯有如此方能从入世中的有我之境达到出世时的无我之境。

持一颗平常心，不为虚荣所诱，不为权势所惑，不为金钱所动，不为美色所迷，不为一切浮华沉沦。

害你的是自己的心

有一个人终日困苦不堪，因为他常常猜疑自己周围的人，甚至在做每一件事时，都要好好地算计，时时感觉很累，故而他去找一位禅师开示。

见到禅师后，说明自己的状况以及来意，便问："人生以何得快乐？"

禅师说："心宽人自轻，眼明心自静。"

他又十分疑惑地问："如亲人欲害自己如何？"

禅师笑道："人不会害你，害你的是自己的心。"接着又说："我给你讲个故事，你便得知。"

有一个年轻人结婚，婚后生育，他的夫人因难产而死，遗下一子。他忙于生活，无人照看孩子，因此就训练一只狗，那狗聪明听话，能照顾小孩，咬着奶瓶喂奶给孩子喝，抚养孩子。

一日，主人出门去，到了别的乡村，因遇大雪，当日无法返回。第二日赶回家时，狗立即闻声出来迎接主人。他把房门打开一看，到处是血，抬头一望，床上也是血，孩子不见了，狗在身边，满口也是血。主人看到这种情形，以为狗性发作，把孩子吃掉了，大怒之下，拿起刀来向着狗头一劈，把狗杀死了。

之后，忽然听到孩子的声音，又见孩子从床下爬了出来，他于是抱起孩子。虽然孩子身上有血，但并未受伤。

他很奇怪，不知究竟是怎么一回事。再看看狗身上，发现它腿上的肉没有了，旁边有一只狼，口里还咬着狗的肉。狗救了小主人，却被主人误杀了。

禅师此时又说："天下一切生灵皆平等，只因一念之差而屠害其他生命。切记勿因猜疑而蒙蔽你的眼睛，切记。"此人当下顿悟。

误会一开始，即一直只想到对方的千错万错。因此，会使误会越陷越深，弄到不可收拾的地步。人与人之间的误会，其后果是难以想象的。

不要抱怨已经得到的

秋天的黄昏，阿发信步走向郊外。他发现秋天的足迹在乡村所烙下的景象远比城市美好。

在城市里，生活即使舒适，但有时仍感贫乏；工作即使忙碌，但有时也觉空虚；有快乐也有彷徨，有希望也有失望，总是难得如意。因此，寻访乡野便成为解决烦恼的一种途径。

乡间，正是丰收的季节，田垄上堆着已收割的稻子，农人提着镰刀正将归去，他们松松斗笠，用颈上的毛巾擦着汗，然后嬉笑着走向冒着炊烟的家。

几个黑黝黝的乡童用竹竿打着石榴树上的果实,在溪水里清洗一下,便津津有味地吃起来。

阿发在溪边的一棵树下坐下,鞋上沾满泥巴。一个禅师走过来和他说话。老禅师的态度纯朴而友善,使人不必存有丝毫顾忌。听了他的谈话,阿发更加羡慕乡村的生活了。

老禅师说:"农夫感觉快乐,是因为他们能够适应田间的工作,而且喜欢它。"

阿发不禁自问:如果我到乡下长久生活,也能适应吗?我能忍受风吹日晒?能放弃城市里一些现代化的享受?能吃得消使手磨出茧的工作吗?

老禅师又说:"我很乐观,我对生活从不曾抱怨过,我吃自己种的蔬菜和水果,觉得那是世上最好的食物。"

阿发似有所悟地点点头。

许多人看起来生活得很愉快,就是因为他们对生活从不曾抱怨过。乡下人进城感到好奇,城里人下乡觉得新鲜,这都是短暂的。如果你不能适应生活,不能调整心态,你永远都会有烦恼,不论在乡下或城里。

拿自己的那一份

早晨 5 点,悦净大师出去为自己庙里的葡萄园雇民工。

一个小伙子争着跑了过来。悦净大师与小伙子议定一天 10 块钱,就派小伙子干活去了。

7点的时候，悦净大师又出去雇了个中年男人，并对他说："你也到我的葡萄园里去吧！一天我给你10块钱。"中年男人就去了。

9点和11点的时候，悦净大师又同样雇来了一个年轻妇女和一个中年妇女。

下午3点的时候，悦净大师又出去，看见一个老头站在那里，就对老头说："为什么你站在这里整天闲着？"

老头对他说："因为没有人雇我。"

悦净大师说："你也到我的葡萄园里去吧！"

到了晚上，悦净大师对他的弟子说："你叫所有的雇工来，分给他们工资，由最后的开始，直到最先的。"

老头首先领了10块钱。

最先被雇的小伙子心想：老头下午才来，都挣10块钱，我起码能挣40块。可是，轮到他的时候，也是10块钱。

小伙子立即就抱怨悦净大师，说："最后雇的老头，不过工作了一个时辰，而你竟把他与干了整整一天的我同等看待，这公平吗？"

悦净大师说："施主！我并没有亏负你，事先你不是和我说好了一天10块钱吗？拿你的走吧！我愿意给这最后来的和给你的一样。难道你不许我拿自己的财物，以我所愿意的方式花吗？或是因为我对别人好，你就眼红呢？"

许多的时候，我们感到不满足和失落，仅仅是因为觉得别人比我们幸运！如果我们安心享受自己的生活，不和别人比较，在生活中就会减少许多无谓的烦恼。

想买货的人才会挑毛病

小和尚把寺庙里自产的果子拿到集市上去换米，遇到了一位难缠的客人。

"这水果这么烂，一斤也要换二斤米吗？"客人拿着一个水果左看右看。

"我这水果是很不错的，不然你去别家比较比较。"

客人说："一斤水果一斤半米，不然我不换。"

小和尚还是微笑着说："施主，我一斤和你换一斤半米，对刚刚和我交换的人怎么交代呢？"

"可是，你的水果这么烂。"

"不会的，如果是很完美的，可能一斤就换三斤米了。"小和尚依然微笑着。

不论客人的态度如何，小和尚依然面带微笑，而且笑得像第一次那样亲切。

客人虽然嫌东嫌西，最后还是以二斤米换一斤水果的方式换了十斤水果。

有人问小和尚何以能始终面带笑容，小和尚笑着说："只有想买货的人才会指出货如何不好。"

也许我们中的很多人都比不上小和尚，平常有人说我们两句，我们就已经气在心里了，更不用说微笑以对了。而且在生活中批评指责我们的，往往是我们最亲近的人和最好的朋友。正所谓："良药苦口利于病，忠言逆耳利于行。"

通身是眼

有一次，道吾禅师问云岩："观世音菩萨有千手千眼，请问你，哪一个眼睛是正眼呢？"

云岩："如同你晚上睡觉，枕头掉到地下去时，你没睁开眼睛，手往地下一抓就抓起来了，重新睡觉，请问你，你是用什么眼去抓的？"

道吾禅师听了之后，说："喔！师兄，我懂了！"

"你懂什么？"

"遍身是眼。"

云岩禅师一笑，说："你只懂了八成！"

道吾疑惑的问："那应该怎么说呢？"

"通身是眼！"

"遍身是眼"，这是从分别意识去认知的；"通身是眼"这是从心性上无分别智能上显现的。我们有一个通身是眼的真心，为什么不用它彻天彻地地观照一切呢？

大千为床

有一次，苏东坡要来见佛印禅师，并且事先写信给禅师，叫禅师如赵州禅师迎接赵王一样不必出来迎接。

苏东坡自以为了解禅的妙趣，佛印禅师应该以最上乘的礼来接他——不接而接。可是却看到佛印禅师跑出寺门迎接，终于抓住取笑禅师的机会，说道："你的道行没有赵州禅师洒脱，我叫你不要来接我，你却不免俗套跑了大老远的路来迎接我。"

苏东坡以为禅师这回必居下风无疑，而禅师却回答一首偈子说：

"赵州当日少谦光，不出山门迎赵王；

怎似金山无量相，大千世界一禅床。"

意思是说：赵州不起床接见赵王，那是因为赵州不谦虚，而不是境界高，而我佛印出门来迎接你，你以为我真的起床了吗？大千世界都是我的禅床，虽然你看到我起床出来迎接你，事实上，我仍然躺在大千禅床上睡觉呢！你苏东坡所知道的只是肉眼所见的有形的床，而我佛印的床是尽虚空遍法界的大广床啊！

月亮偷不去

良宽禅师除弘法外，平常就是居住在山脚下一间简陋的茅棚，生活过得非常简单。有一天晚上，他从外面讲经回来，刚好撞上一个小偷正在光顾他的茅庐，小偷看到禅师回来了，慌张得不知如何是好。

良宽和悦地对双手空空的小偷说："找不到可偷的东西吗？想你这一趟是白跑了，这样吧！我身上的这件衣服，你就拿去吧！"

小偷抓着衣服就跑，良宽禅师赤着身子，在月光下看到小偷的背影，无限感慨地说:"可惜我不能把这美丽的月亮送给他!"

"美丽的月亮",象征着我们的自性,每一个人,自性中都有无限的宝藏,假如能识得自家宝藏,何用偷窃他物?禅师的惋惜,不能将美丽的月亮送人,正是告诉天下众生,人人都有佛性至宝,何必沦为窃盗?

一切皆禅

有一位云水僧听人传说无相禅师禅道高妙,想和其辩论禅法,适逢禅师外出,侍者沙弥出来接待,道:"禅师不在,有事我可以代劳。"

云水僧道:"你年纪太小不行。"

侍者沙弥道:"年龄虽小,智能不小!"

云水僧一听,觉得还不错,使用手指比了个小圈圈,向前一指。侍者摊开双手,划了个大圆圈,云水僧伸出一根指头,侍者伸出五根指头。云水僧再伸出三根手指,侍者用手在眼睛上比了一下。

云水僧诚惶诚恐地跪了下来,顶礼三拜,掉头就走。云水僧心里想:我用手比了个小圈圈,向前一指,是想问他,你胸量有多大?他摊开双手,划了个大圈,说有大海那么大。我又伸出一指问他自身如何?他伸出五指说受持五戒。我再伸出三指问他三界如何?他指指眼睛说三界就在眼里。一个侍者尚且这么高明,不知无相禅师的修行有多深,想想还是走为上策。

后来,无相禅师回来,侍者就报告了上述的经过,道:"报告师父!

不知为什么,那位云水僧知道我俗家是卖饼的,他用手比个小圈圈说,你家的饼只这么一点大。我即摊开双手说,有这么大呢!他伸出一指说,一个一文钱吗?我伸出五指说五文钱才能买一个。他又伸出三指说,三文钱可以吗?我想太没良心了,便比了眼睛,怪他不认识货,不想,他却吓得逃走了!"

无相禅师听后,说道:"一切皆法也,一切皆禅也!侍者,你会吗?"

侍者茫然,不知为对。

佛法讲究机缘,禅,你懂得,无时不禅,无处不禅,无人不禅,无事不禅。不懂,即使说得天花乱坠,也与禅无关。禅史中有赵州茶,云门饼之说,此皆禅也。俗语云,讲者无心,听者有意,故无相禅师曰一切皆法也,一切皆禅也。

第四章

尊人恕己有容乃大

chapter 4

关于对人的尊重、宽容，集儒释道智慧于一身的《菜根谭》总结道："持身不可太皎洁，一切污辱垢秽，要茹纳得；与人不可太分明，一切善恶贤愚，要包容得。"善哉，尊人才能恕己，有容心才宽大。

有容乃大

盘珪禅师是一代名师，教育出很多高超的僧才。一次，他收了一位由于家里无法管教，而希望借由佛法的熏陶使之改过向善的坏孩子当徒弟。没想到这孩子到了寺庙，依旧我行我素，时常偷寺中的古董去典当。弟子们怕影响寺庙的声誉，立刻向盘珪禅师报告。过了几天，禅师却没有表示要处理之意，而那孩子依旧无恶不作。弟子们实在看不过去了，便再次向禅师要求马上开除这个孩子，否则的话，他们将立即集体离开这个寺庙。这时，盘珪禅师闭着眼睛安详地说："如果你们一定要离开这里，那么我不为难你们，请离开吧！"弟子中有人大感意外地问："您为什么不开除那为非作歹的坏孩子，而要牺牲我们呢？"禅师睁开眼睛说："你们在我这儿修行已有数年，稍有见地，就是离开这里，也可以外出自立门户；倘若这孩子被我们开除了，那他将无处安身。"弟子们恍然大悟，了解了师父的用心，羞愧之余，立即向师父道歉。

禅师以一颗宽容善良的心感动了弟子们，也教育了弟子们，向弟子们展示了一代禅师的胸怀。

常言道：金无足赤，人无完人。一个人的一生中不可能没有失误，也不可能不犯错误，能容人之错，使之有改过之机，则可谓贤者。世间万物，有容乃大，一个人有容人之量，则可成就大业。

度量是一种美

一天晚上，一位老禅师在寺院里散步，忽然发现墙角边有一张椅子，一看就知道有出家人违犯寺规翻墙溜出去了。

这位老禅师不动声色地走到墙角边，把椅子移开，就地蹲着。没过多久，果然有一位小和尚翻墙进来，他不知道下面是老禅师，于是在黑暗中踩着老禅师的脊背跳进了院子。

当他双脚落地的时候，突然发现自己原来踩的不是椅子，而是老禅师。小和尚顿时惊慌失措，木鸡般地呆立在那里，心想："这下糟糕了，肯定要被杖责了。"但是，出乎小和尚意料的是，老禅师并没有厉声责备他，只是平静而关切地对他说："夜深天凉，快回去多穿点衣服吧。"

老禅师宽恕了小和尚的过错。因为他知道，此时此刻，小和尚已经知错了，那就没有必要再饶舌训斥了。之后，老禅师也没有再提及这件事，可是寺院里的所有弟子都知道了这件事，从此以后，再也没有人夜里翻墙出去闲逛了。

这就是老禅师的度量，他给犯过错的弟子提供反省的空间，使其悔悟，自戒自律，所以宽容也是一种无声的教育。

宽容是一种美，因为有了宽容才使许多人浪子回头。因为宽容才使那颗犯错的心有了安全的回旋余地。禅者说："量大则福大。"就是在说因为你有一颗宽容的心，所以，能获得最大的福缘。

宽恕别人宽恕自己

　　从前有位僧人，他的徒弟是个懒虫，老是睡到日上三竿。有一天他叫醒徒弟，并对他大叫："你还睡，连乌龟都已经爬到池塘外边晒太阳了！"

　　这时，有个人想要抓些乌龟给母亲治病，他听到僧人的话后，就赶到池塘边。果然，有许多乌龟正趴在太阳底下。他抓了几只乌龟，为母亲炖了汤。僧人却对乌龟的死感到愧疚，于是发誓不再说话。

　　过了些日子，当这位僧人坐在寺庙前，他看见一位盲人朝着池塘走了过去。他原本想要叫盲人不要再往前走，但他记起了他的誓言，决定保持沉默。

　　正当他的内心在交战时，盲人却已经掉到了池塘里。这件事让僧人感到难过，他才明白人活在这个世界上，不能一味地保持沉默或喋喋不休。

　　犯错是平凡的，宽恕是一种超凡。不但要学会宽恕别人，更要学会宽恕自己。

以美的眼光看周围的人

一位老和尚和一位老农坐在一个小城镇边的道路旁下棋。一个陌生人骑马来到他们的身边，把马停下来，向他们问道："师父，请问这是什么镇？住在这里的居民属于哪种类型？我正想决定是否搬到这里居住。"

老和尚抬头望了一下这位陌生人，反问道："你刚离开的那个小镇上住的人，是属哪一类的人呢？"

陌生人回答说："住的都是些不三不四的人。我们住在那儿感到很不愉快，因此打算搬到这儿来居住。"

老和尚说道："施主，恐怕你会感到失望了，因为这个镇上的人跟他们完全一样。"

过了不久，又有另一位陌生人向老和尚打听同样的情况，老和尚又反问他同样的问题。

这位陌生人回答说："啊，住在那儿的人都十分友好，我的家人在那儿度过了一段美好的时光，但我正在寻找一个比我以前居住地方更有发展机会的城镇，因此我们搬出来了，尽管我们还很留恋以前那个地方。"

老和尚说道："年轻人，你很幸运。在这里居住的人都是跟你差不多的人，相信你会喜欢他们，他们也会喜欢你的。"

你对别人失望过吗？你让别人失望过吗？请记住，以一份善意的眼光去看别人，世界将是美好的。

我们为何不以一种更为积极、达观、宽容、和善、友爱、健康的心态去看待人间诸事？为何不多欣赏一下别人，多给别人以支持和鼓励，多为别人拍拍手，喝几声彩呢？

盗贼的感谢

七里禅师是一位有道的高僧，每天讲经说法之余，都在佛殿里打坐参禅。

有一天半夜，七里禅师正在禅堂的蒲团上打坐，一个强盗突然闯进来，用刀子对着他的脊背，说："把柜里的钱全部拿出来！不然，就要你的命！"

"钱在抽屉里，柜里没钱，"七里禅师说，"你自己拿去，但要留点儿。米不多了，不留点儿，明天我要挨饿呢！"

没想到这么容易就得到了这些铜钱，强盗非常得意地说："算你识相！"

"拿了人家这么多钱，也不说声谢谢就走吗？"老禅师突然冒出这句话来，"做人不要太贪，要给别人多少留点儿东西。"

"谢谢。"强盗说完就转身走了，但心里十分慌乱，因为他偷盗几十年，还没遇到过这样的事情。他愣了一下，才想起不该把全部的钱拿走，于是，他掏出一把钱放回抽屉。

后来，这个强盗被官府捉住。根据他的供词，差役把他押到七里禅师的寺庙去见七里禅师。

差役问道："多日以前，这个强盗来这里抢过钱吗？"

"他没有抢我的钱，是我给他的。"七里禅师说，"他临走时还说声'谢谢'，就这样。"

这个强盗被七里禅师的宽容感动了，他咬紧嘴唇，泪流满面，"扑通"一声跪在七里禅师面前，要求禅师收他为弟子，七里禅师开始不答应。这个人就长跪三日，七里禅师终于收留了他。

故事中的强盗被禅师善的雨露滋润，从而使他灵魂深处那善的种子发了芽。还有什么能挡得住他长跪三日的真心？

不为生气而种兰

有位禅师，他非常喜爱兰花，在平日弘法讲经之余，花费了许多的时间栽种兰花。

有一天，他要外出云游一段时间，临行前交代弟子：要好好照顾寺里的兰花。

在这期间，弟子们总是细心照顾兰花，但有一天浇水时却不小心将兰花架碰倒了，所有的兰花盆都摔碎了，兰花散落满地。弟子们都因此非常恐慌，打算等师父回来后，向师父赔罪受罚。

禅师回来了，闻知此事，便召集弟子们，不但没有责怪，反而说道："我种兰花，一来是希望用来供佛，二来也是为了美化寺里环境，不是为了生气而种兰花的。"

禅师说得好，"不是为了生气而种兰花的"。而禅师之所以看得开，是因为他虽然喜欢兰花，但心中却无兰花这个障碍。因此，兰花的得失并不影响他心中的喜怒。

在日常生活中，我们牵挂得太多，我们太在意得失，我们的情绪总起伏不定，所以我们不快乐。

也要给别人一个权力范围

一个年轻人抱怨妻子近来变得忧郁、沮丧，常为一些鸡毛蒜皮的事对他嚷嚷，并开始骂孩子。这都是以前不曾发生的。他无可奈何，开始找借口躲在办公室，不想回家。

这天，他在磨磨蹭蹭的回家途中遇到了慧明禅师。看着他一脸的沮丧，慧明禅师问他怎么了。

年轻人回答说，为了装饰房间和妻子发生过争吵。他说："我爱好艺术，远比妻子更懂得色彩，我们为了各个房间的颜色大吵了一场，特别是卧室的颜色。我想漆这种颜色，她却想漆另一种颜色，我不肯让步，因为她对颜色的判断能力不强。"

慧明禅师问："如果她把你办公室重新布置一遍，并且说原来的布置不好，你会怎么想呢？"

"我决不能容忍这样的事。"年轻人答道。

于是，慧明禅师解释："你的办公室是你的权力范围，而家庭以及家里的东西同时也是你妻子的权力范围。如果按照你的想法去布置'她的'厨房,那她就会有你刚才的感觉,好像受到侵犯似的。当然,在住房布置问题上,最好双方能意见一致,但是,如果要商量,妻子应该有否决权。"

年轻人恍然大悟,回家对妻子说:"你喜欢怎么布置房间就怎么布置吧,这是你的权力!"

妻子非常感动,后来两人言归于好。

人们总是用自己的标准去要求别人,而且还总是自以为是,其实每个人都有自己的想法和观念,所以应该做的就是要尊重他人的自由权利和习惯。善于原谅对方的缺点,善于融合自己与他人的不同之处。做一个肯理解、容纳他人的优点和缺点的人,才会受到他人的欢迎。而对人吹毛求疵,又批评又说教没完没了的人,不会有亲密的朋友,旁人对他只有敬而远之。夫妻生活和其他许多人际关系一样,会有这样那样不尽如人意的地方。只有采取宽以待人的态度,才有助于矛盾的解决。

擦不净的铜镜

圆心寺有个得道高僧,叫了空,16 岁离开父母出家修行,已有近百年了。自出家以来,每日里,青灯黄卷,早诵晚唱,晨钟暮鼓,香熏经洗,自感沾山水之灵气,吸佛道之精华,已经六根清净,六尘不染,了却了一切尘缘。因德高望重,令人高山仰止,一时间圆心寺香客不断,来参禅解悟的也络绎不绝。

一日，来了一个青年，想了却尘缘，皈依佛门，在这里寻一份清静，找一方净土，就跪在了高僧的面前，说："师父，请收下我做你的徒弟吧。"

高僧看了看他，说："你真的能了却尘缘？"

青年肯定地点点头。

高僧的心里突然闪出一个奇怪的念头，他不相信眼前这个青年能了却尘缘，一心向佛。于是，高僧拿出一个早已蒙尘的铜镜，递给青年，说："佛门净地，纤尘不染。既入空门，尘缘必了。镜如尔心，若能擦净，再来。"

青年拿起铜镜跪别而去。回到家，净了身，燃了香，心无杂念，虔诚地拿起铜镜擦了起来。上面的浮尘轻轻一擦就掉了。然而，有几个黑色的印痕却怎么也擦不掉。于是青年拿出一块磨石，打磨了起来，就这样起早贪黑打磨了半个月，铜镜终于光鉴照人。

青年拿着铜镜又来见高僧。高僧看了看，摇摇头。

青年不解，问高僧："难道铜镜还没有擦净？"

高僧微微笑道："你再用心地看看。"

青年拿起铜镜，看了又看，终于看见了一道印痕。这道印痕若隐若现，如丝线般在光亮的镜子上。

青年脸红了一下，接过镜子走了。

青年回到家里，依然孜孜不倦地磨那个镜子，无论春夏秋冬，从来没有停息过，因为他的心早已断绝红尘皈依了佛门。

一缕佛光燃亮了希望，一盏心灯照亮着行程。为了心中的希望，青年的手早已磨出了厚厚的老茧，腰也坐得如弓一般难以直起。

直到那个铜镜被磨得薄如蝉翼，那个痕印还是没有被磨去。

青年不知道这印痕有多深，拿起镜子反过来一看，发现那个印痕已经透到了镜子后面。

青年绝望了，他知道，镜子上的印痕无论如何也磨不掉了。他想，一定是高僧以为自己没有诚心，难绝尘缘，才弄了这么一个镜子暗示他。青年感到佛光消失了，心里的那盏灯也熄灭了，眼前一片黑暗。他不禁仰天长叹：佛啊，看来我今生是与你无缘，于是便悬梁自尽了。

高僧懊悔不已，忽然感到自己的生命之灯到了油尽灯枯的时候。高僧圆寂时，在生命的最后时刻，最先出现在他脑海里的不是佛，而是他的父母。

高僧心里长叹：看来自己也是难了尘缘，近百年的修行仍难成正果，更何况那个青年啊。人心如果真的如镜，没有瑕疵，为什么就不能博大一些呢？谁又能把前尘过往擦得不留一丝痕迹？看来，人是多么需要有一颗宽容和包容的心啊。

高僧圆寂了。佛却宽容地留下了他，后来他也成了佛。

无论你是人还是佛都应该拥有一颗宽容的心，这是世间最基本的人生情愫。拥有宽容的心你才不会为难自己，才不会使自己走上不归路，才不会因为错失很多事情而悔恨。

白隐禅师

日本的白隐禅师，德高望重，素来受到寺院附近居民的称赞，大家都说他是位纯洁的圣者。

有一对夫妇，在他的寺院附近开了一家食品店。这对夫妇有一个漂亮的女儿。有一天，夫妇俩发现女儿的肚子突然大了起来。

这件事让夫妇俩十分恼怒，他们向女儿追问来由。女儿起初死活不肯说出那人是谁，经不过父母的一再逼迫，她终于说出了白隐禅师的名字。

她的父母怒不可遏，立刻去找白隐禅师理论，不停地辱骂白隐禅师：

"呸，亏你还是个高僧大德，名声在外，竟然人面兽心，做出这样有污佛门的事情来！"

禅师静静地听着，自始至终没有做任何解释，到最后，只淡淡地说了一句话："哦，就是这样子的吗？"

女儿把孩子生下来后，夫妇俩把孩子送给了白隐。

这时的白隐禅师，名誉扫地，每个人都对他嗤之以鼻。但他并不介意，非常细心地照顾孩子。为了养活孩子，他到处乞讨，为婴儿讨取所需的奶水和生活用品。

白隐禅师在众人的唾骂声中，默默地抚养着孩子。

一年之后，这位没有结婚的妈妈，再也忍受不了内心的折磨，终于向父母吐露了真情。原来，这孩子的亲生父亲是一名青年。自己说白隐禅师是孩子的父亲，是给他栽上了一项莫须有的罪名。

女孩的父母立即将她带到白隐那里，向禅师连连道歉，请求禅师的原谅，并将孩子带了回去。

白隐禅师含笑，无语，只是在交回孩子的时候，轻声地说了那句同样的话："哦，就是这样子的吗？"

白隐禅师的慈祥宽容，使女子全家深感惭愧。从此，他们更加敬重大师的人品和修行了。

　　大家想一想，在生活中，如果这种事情发生在自己的身上，我们会不会火冒三丈，千般辩解，万般开脱呢？我们与禅的境界，到底有多远，是一步之差，还是天壤之隔？

梦见先贤

　　有一个和尚找了个寺院，欺世盗名，居然收了几个门徒。每天就是让弟子们读书扫地，管理菜园子。他每天则像个禅师一样打坐，然后把从书上看来的偈语讲给弟子听。

　　每天中午，和尚都要到禅房中小睡片刻。弟子们问道："老师为什么每天中午都要午睡？"和尚回答道："孔子每天都要小睡片刻，他在梦中向周公讨教，醒来后就将先贤所说的话告诉弟子们。我也是这样的，在梦里我也能见到先贤。"

　　弟子们一听是这样，然后就起身告辞，去做自己的事了。

　　一日，天气非常炎热，盛夏的蝉鸣声声入耳，仿佛催眠曲般催人入睡。弟子们正在禅房打坐，有几个弟子抵不住困倦，坐在那里睡着了。和尚发现弟子打坐的时候居然睡着了，便把他们叫醒，训斥道："打坐的时候应该心如止水，你们怎么能够睡着呢？"

　　弟子们醒来，揉着蒙眬的眼睛说道："我们到梦乡去见古圣先贤了，就像孔子梦见周公一样。"

和尚愣了一下,这正是自己说的话呀。怎么办呢?如果不能有一个好的解释,那不是否定自己说的话吗!突然他灵机一动,便问道:"古圣先贤给了你们一些什么训示?说来听听?"他暗暗为自己的聪明而高兴。

弟子们答道:"在梦里我们遇到了古圣先贤,便问道:'我们的老师不是每天中午都来向你们讨教吗?你们能不能也教我们一些?'但是他们答道:'我们从来就没见到过你们的老师呀!'"

人要有真才实学,不然只会搬起石头砸自己的脚。

第五章 有舍有得天宽地阔

chapter 5

"要放下",是禅师训导弟子的诫语,但习惯了"拿起"的人,让他"放下"谈何容易?况且,他能放下手上、肩上的重负,能放得下心里的牵绊吗?"心中有事世间小,心中无事一床宽",欲求心灵解脱的人,须知有舍有得、舍而后得的人生道理。

施主的捐赠

诚拙禅师在圆觉寺弘法时，法缘非常兴盛。每次讲经时，都人满为患。故信众中就有人提议，要建一座较宽敞的讲堂。

有一位施主用袋子装了50两黄金，送到寺院给诚拙禅师，说明是要捐助盖讲堂用的。禅师收下后，就忙着做别的事去了，对此信徒非常不满，因为50两黄金，不是一笔小数目，平常人可以过许多年生活，而禅师拿到这笔巨款，竟连一个"谢"字也没有，于是就紧跟在诚拙的后面提醒道："师父！我那袋子里装的是50两黄金。"

诚拙禅师漫不经心地应道："你已经说过，我也知道了。"禅师并没有停下脚步，那位施主提高嗓门道："喂！师父！我今天捐的50两黄金，可不是小数目呀！难道你连一个'谢'字都不肯讲吗？"

禅师刚好走到大雄宝殿佛像前，他停下说道："你怎么这样唠叨呢？你布施给佛祖，为什么要我跟你说'谢谢'？你布施是在做你自己的功德，如果你要将功德当成一种买卖，我就代替佛祖向你说声'谢谢'，请你把'谢谢'带回去，从此你与佛祖'银货两讫'吧！"

行善讲求的是亲历性的精神快乐，行善让我们感到满足，我们给佛祖以物质上的捐赠，是为了自己获得精神上的安慰。既然自己有所得，有所求，为什么一定要让别人感谢呢。

形可变性不可变

　　岩头禅师在唐武宗毁灭佛法时，缝制了一套俗装，准备到不得已的时候，可以应变。不久圣旨下来，强令僧尼还俗，有声望的高僧还要被逮捕判刑。岩头禅师为了躲避苛政，他穿了俗装，戴了低檐帽子，悄悄躲进一个在家修行的居士佛堂里。当时居士正在斋堂吃饭，岩头大摇大摆地走进厨房，拿起碗筷也开始吃饭。这时一个仆人看见岩头禅师，立刻告诉居士。居士拿起棒子，做出准备打人的姿势，并且口中说道："呵！原来竟是岩头上座，怎么变形了？"

　　岩头禅师不慌不忙，安然说道："形可变，性不可变。"

　　唐武宗毁灭佛法，修行之人就只能随俗应变。很多修行者有顾虑，以为穿上俗衣就不能修成正果，这就是执着。任何一种执着都会妨碍人的修行。能体悟到变形不变性，固守自身佛性，才是真正的坚如磐石，不为外物所动。

色即是空

一日，有人拿了一件烟花女子佩带的精致小兜肚给东海寺的泽庵和尚看，意下想难他一难。

不料和尚破颜一笑，口里一边说："绣得多么好！老衲也喜欢有这等美人陪伴呢！"一边动笔写了一段偈语：

"佛卖法，祖师卖佛，末世之僧卖祖师。有女卖却四尺色身，消安了一切众生的烦恼。色即是空、空即是色。柳绿花红，夜夜明月照清池，心不留则影不留。"

禅就是空虚。此空虚非彼空虚也。空即智慧，虚即虚怀。而学禅的目的本就是为清心寡欲、开发智慧、提升慈悲心的。若心不可静，纠缠于外物，以世俗的心态去面对事情，又何以修禅？故，心清万事静，心不留则影不留，一切皆"空"。

笑看成败得失

一个和尚肩上挑着一根扁担信步而走，扁担上悬挂着一个盛满绿豆汤的瓷壶。他不慎失足跌了一跤，瓷壶掉落到地上摔得粉碎，这位和尚仍若无其事地继续往前走。

这时，有一个人急忙跑过来告诉他："你不知道瓷壶已经破了吗？"

"我知道。"老和尚不慌不忙地回答道。

"那么你怎么不转身,看看该怎么办?"

"它已经破碎了,汤也流光了,你说我还能怎么办?"

生命的整个过程总不会是一帆风顺,成与败,得与失,都是这过程的装饰。一路走来繁花锦簇也好,萧瑟凄凉也罢,终究会成为过眼云烟,重要的是自己心里的感受。

不要固执一端

佛印曾坐在船上与苏东坡把酒话禅,突然闻听:"有人落水了!"

佛印马上跳入水中,把人救上岸来。被救的原来是一位少妇。

佛印问:"你年纪轻轻,为什么寻短见呢?"

"我刚结婚三年,丈夫就遗弃了我,孩子也死了。你说我活着还有什么意思?"

佛印又问:"三年前你是怎么过的?"

少妇的眼睛一亮:"那时我无忧无虑、自由自在。"

"那时你有丈夫和孩子吗?"

"当然没有。"

"那你不过是被命运送回到了三年前。现在你又可以无忧无虑、自由自在了。"

少妇揉揉眼睛,恍然大悟。以后再也没有寻过短见。

佛家云："苦海无边，回头是岸。"在很多时候，放弃是一种解脱，放弃是一种量力而行，明知得不到的东西，何必苦苦相求，明知做不到的事，何必硬撑着去做呢？

难得"放下"

有一个人出门办事，跋山涉水，非常辛苦。有一次他经过险峻的悬崖，一不小心，跌入深谷。眼看生命危在旦夕，他在下跌过程中双手在空中攀抓，刚好抓住悬崖壁上枯树的老枝，总算保住了性命。但是人悬荡在半空中，上下不得，进退维谷，不知如何是好。这时，他忽然看到慈悲的佛陀站在悬崖上，正慈祥地看着自己。

此人如见救星般赶快求佛陀："佛陀！求您发发慈悲，救我吧！"

"我救你可以，但是你要听我的话，我才有办法救你上来。"佛陀慈祥地说。

"佛陀！到了这种地步，我怎敢不听您的话呢？随您说什么，我全都听您的。"

"好吧！那么请你把攀住树枝的手放下！"

此人一听，心想："把手一放，势必掉进万丈深渊，跌得粉身碎骨，哪里还保得住性命？"

因此他更是抓紧树枝不放。佛陀看到此人执迷不悟，只好离去。

"放下"是非常不容易做到的，有了权势，就对权势放不下；有了功名，就对功名放不下；有了金钱，就对金钱放不下；有了爱情，就对爱情放不下；有了事业，就对事业放不下。但是，有时"放下"才能让生活更好地继续。

背在肩上的篓子

有位中年人觉得自己的日子过得非常沉重，生活压力太大，想要寻求解脱的方法，因此去向一位禅师求教。

禅师给了他一个篓子要他背在肩上，指着前方一条坎坷的道路说："每当你向前走一步，就弯下腰来捡一粒石子放到篓子里，然后看看会有什么感受。"

中年人就照着禅师的指示去做，他背上的篓子装满石头后，禅师问他这一路走来有什么感受。他回答说："感到越走越沉重。"禅师于是说："每一个人来到这个世界上时，都背负着一个空篓子。我们每往前走一步就会从这个世界上捡一样东西放进去，因此才会有越走越累的感慨。"中年人又问："那么有什么方法可以减轻人生的重负呢？"禅师反问他说："你是否愿意将名声、财富、家庭、事业、朋友拿出来舍弃呢？"那人答不出来。禅师又说："每个人的篓子里所装的，都是自己从这个世上寻求来的东西，一旦拥有它，就对它负有责任。"

路是自己走的，我们拥有的都是我们想得到的东西。我们往往感觉到负担越来越大，这是因为我们得到的多，想得到的还有很多。既然是自己愿意得到，又不愿意失去的东西，就必须对已得到的东西负有责任感，只有这样，我们才能减轻沉重感。

来来往往若干船

《史记》中说："天下熙熙，皆为利来；天下攘攘，皆为利往。"很多年以后，乾隆皇帝下江南，看见运河上船来船往，人声鼎沸，感慨地问："来来往往这么多船，它们都在忙什么？"大臣答道："在奴才看来，这穿梭不息的运河里，无非只有两条船，一条是名，一条是利。"

对于常人争抢还唯恐不及的名利，佛陀却劝人"放下"。

佛陀在世时，有一位名叫黑指的婆罗门来到佛前，运用神通拿了两个三人多高的花瓶，前来献佛。

佛陀对婆罗门说："放下！"

婆罗门把他左手拿的那个花瓶放下。

佛陀又说："放下！"

婆罗门又把他右手拿的那个花瓶放下。

然而，佛陀还是对他说："放下！"

这时，黑指婆罗门说："我已经两手空空，没有什么可以再放下了，请问现在你要我放下什么？"

佛陀说："我并没有叫你放下你的花瓶，我要你放下的是你的六根、六尘和六识。当你把这些统统放下，再没有什么了，你将从生死桎梏中解脱出来。"

黑指婆罗门这才了解佛陀"放下"的道理。

功名利禄在人心上的压力,岂止是黑指婆罗门手上的花瓶?这些东西可以说是人生辛苦的源泉。听一听佛陀的开示"放下",不失为一条通往幸福的道路!

一首诗

双溪布衲禅师和契嵩禅师友善,而且彼此已到了真正以禅接心的阶段,一日契嵩禅师戏以诗追悼还活得好好的布衲禅师曰:

"继祖当吾代,生缘行可规;终身常在道,识病懒寻医。貌古笔难写,情高世莫知,慈云布何处,孤月自相宜。"

布衲禅师读罢契嵩禅师的追悼诗后,非常欢喜地举笔答曰:

"道契平生更有谁,闲卿于我最心知;当初未欲成相别,恐误同参一首诗。"

布衲禅师写罢,即投笔坐亡。

布衲禅师本来没有入灭的意图,但为了顾念道友诗篇的信誉,所以就入灭了。禅师们的友谊,生死以之,实在非常难得。

古人有一死以酬知己,但那都是为了报恩,或其他事故,而布衲禅师只是为了道友的游戏笔墨,就以死来维护道友的意见。契嵩禅师诗中的意思,就是直下承当布衲禅师的传法,也可以说是一句玩笑话,也可以说这一首诗，或真有见地，布衲禅师为了认可，就毫不犹豫地入灭，不了解的人还以为布衲禅师是被契嵩禅师逼死的，其实禅师对生死的看法，早就看破，只要传承了人撒手就走，可说洒脱自在，还有什么比这更洒脱自在的呢？

杯子的死期到了

中国人都很熟悉一休禅师。说起一休，大家都会想到一部日本动画片《聪明的一休》。片子中的一休，聪明机智，给大家留下了很深的印象。

聪明的一休确实很招人喜欢，他不仅仅是个电视形象，而是一个真实的历史人物。

一休出生于1394年，是一位皇子。因为一休母亲的家族与天皇家族关系不和，小一休从小就被赶出了皇宫，在六岁的时候，出家到京都的安国寺学禅。

有一天，一休打破了一个茶杯，这个茶杯是他师父非常喜爱的稀世之宝。

打碎了杯子，肯定会受到师父的批评。怎么才能逃过师父的惩罚呢？一休想到了一个办法。当师父回来的时候，他就问师父一个问题：

"师父，人为什么一定要死？"

"这是自然的事情哪。世间的一切，都是由缘分决定的，有聚就有散，有生就有死。"

这时，一休恭恭敬敬地说："报告师父，现在我要告诉您老人家一个好消息：你最喜欢的那个茶杯啊，它的死期到啦！"

师父听了，哭笑不得，当然也就没有责怪一休了。

当我们无法改变一件事情的时候，就要去接受它，去面对它。要端得起，更要放得下。爱的时候要放开去爱，但如果不如意的事情发生了，就要勇敢地去接受它，果断地去放下它。

钻石的眼光

有一个年轻人拜在一位禅师的门下，希望禅师教他认识人生的价值。

禅师只让他扫地、泡茶、接待客人，闲着的时候就静静心。

过了一段时间，弟子问师父："师父呀！您什么时候才能告诉我人生的价值呢？"

师父笑了笑，没有回答。

过了一阵子，弟子更加着急了，又问师父："师父呀！你到底要什么时候才能告诉我什么是人生的价值呢？"

师父就拿了一块石头交给他，说："你把它拿到菜市场去，估估价钱。只要了解一下它的价钱，不要真的卖掉。"

在菜市场里，大部分人对这块石头理都不理。后来，有一个人出五块钱，要干什么呢？要把它买回去压泡菜坛子。

弟子把石头带回来，告诉师父："师父，这块石头有人出五块钱买它。"

师父说："好，现在你把这块石头带到钻石市场去看看。"

弟子带着这块石头去了钻石市场，很快就欣喜若狂地跑了回来，告诉师父："师父呀，那里的人说，这是一块完美的钻石，有人要开价五万呢！"

师父哈哈大笑，说："这是一块石头，有的人想拿它去压泡菜坛子；有的人想把它变成价值连城的钻石珠宝。石头的本身没有变，你用什么样的眼光看它，它就值什么样的价值。

"你每天追着问我：'什么才是人生的价值？'现在，你应该清楚了。你用菜市场的眼光、用钻石市场的眼光，看到的人生价值是完全不一样的啊。"

弟子一听，恍然大悟：

芸芸众生，终其一生都在奔波追求，希望寻找生命中最有价值的东西，却很少人知道，我们的眼睛所见、我们的心灵所感受的才是最有价值的。

用压泡菜坛子的眼光来看自己，自己就成了压泡菜的石头；用钻石的眼光来看自己，自己就成了价值连城的钻石。

这颗价值连城的钻石，不是你拥有的香车豪宅，财富地位，而是你是否拥有从容淡定、乐观开朗、积极饱满的禅悦心态。

追求金钱的人，心中只有金钱；追求权势的人，心中只有权势；追求豪宅的人，心中只有豪宅。我们在无穷无尽的追逐之中，成了金钱的奴隶、权势的奴隶、房子的奴隶，迷失了自家的宝藏。

当一个人迷失了自家宝藏的时候，即使你拥有再高的地位，再多的财富，到头来仍然会走入绝境。

舍父逃走

有一个年轻人，少不更事，离开了富有的父亲，到异国他乡流浪乞讨。

他的父亲为了方便找到他，就把家搬到了另外的一座城市。因为根据感觉，在那一带可能会找到儿子。

终于有一天，在那座城市乞讨的儿子来到了新家的前面。儿子看到这栋建筑，很像他小时候生活过的那个家，又不敢确定。他想，天下哪有这么巧的事情呢？我的家明明是在另外的城市啊，怎么这里也有一个和原来的家完全一样的家？

这样想着，他就犹犹豫豫，在门前徘徊，不敢走进去。思子心切的父亲一眼就看出门外的这个人，正是自己寻找了多年的儿子，赶忙派人去传他进来。儿子看到里面的人朝自己走来，心里害怕，拔腿就跑。

父亲为了使儿子心安，就派人用雇他来家里干杂活为借口，让他来家里工作。久而久之，儿子慢慢地适应了这里的工作。

父亲在临终的时候，把干杂活的儿子叫到床前，向儿子说明了详细经过，儿子这才明白他本人就是这份丰厚家业的继承者。

在这样一则经典故事里面，富有的长者就是佛陀，而流浪他乡的穷小子，就是我们迷惘的众生。我们不知道自家财产的珍贵，自己精神生命的富有，偏偏要流亡他乡，过着流浪的生活。背离了本心本性，追逐外物，就是"舍父逃走"。

怎样才能成佛

弟子问禅师："师父，如何使身心清净？"

禅师说："有个人听了算命先生的话，说他眉头泛光，当天就要变成富翁。于是他就直接走到别人的银楼里，当着别人的面伸手就拿柜子里的金银，被人抓住送进了衙门。县太爷问他：'你敢在光天化日之下抢别人钱财？'那个人回答道：'我只看见了钱，没有看到别人呀！'"

禅师紧接着说道："有禅心的人，眼睛里看到的只是尘埃！"

弟子又问："怎样才能成佛？"

禅师厉声喝道："你外出云游，在庙宇与丛林之间奔走，可曾找到你们的安身之处？如果只会攀山涉水来来去去，那只是白白踏破草鞋，等着阎王爷向你收草鞋钱吧！"

弟子又问："怎样才能成佛？"

禅师抚掌大笑："好！意志坚定的人，将踏破的草鞋扔掉，光着脚向前走，没有了任何束缚，也就没有了任何烦恼，不用为草鞋破了磨脚担心，不用为了草鞋钱担心；意志不坚定的人，心里挂念太多，忧虑太多，心都装满了，千门万户都封锁了，还安什么身，立什么命！"

弟子望了望自己的草鞋，灵光一闪，顿悟了。

真理属于具有坚强意志的人。

不是净瓶

司马禅师想要选一个人到大沩山去当住持。

他下令敲钟集合全寺僧人，然后宣布说："你们中间谁能当着大家的面出色地回答我的一句话，我就让他去大沩山当住持，这里的每一个人都有机会，但是要看你们的本事了。"

司马禅师拿起一个净瓶，说道："这个不是净瓶，是什么？有谁能回答？"

众僧抓耳挠腮，面面相觑，分明是净瓶，却不能称净瓶，那称作什么呢？都那里不知所措。

这时候，来了一个蓬头垢面的和尚，他说："让我来试试！"众人一看，原来是寺内专干劳役的杂务僧，都哈哈大笑起来。说道："烧火做饭的，居然也来试试！"

司马禅师问道："你叫什么？"

和尚沉静答道："灵佑。"

于是灵佑和尚就走上前去，从禅师手中接过净瓶，放在地上，然后一脚把它踢出了院墙，转身就退了回去。

司马和尚惊喜地叫起来："这正是大沩山的住持啊！"

既然不是净瓶，那就一脚踢翻好了，何必多说？众僧目睹了灵佑深得禅机，个个心服口服。后来灵佑和尚便去大沩山当了住持，创立了中国禅宗五大宗派之一的沩仰宗。

答案既然是否定的，就没有必要再谈它的归属。

找自己

一天，释尊在寂静的森林中坐禅。

突然，远方传来隐约的嘈杂声，声音越来越近，原来是一对男女在林中争吵。

过了一会儿，一名女子慌忙地从树林中跑了过去。之后又出来一名男子，他走到释尊禅师面前，非常生气地问道："你有没有看见一个女子经过这里？"

禅师问道："有什么事吗？为什么你这么生气呢？"

阳光透过树叶，在男子脸上形成明暗不定的阴影。他凶狠地说："这个女子偷了我的钱，我是不会放过她的！"

释尊禅师问道："找逃走的女人与找自己，哪一个重要？"

青年男子没有想到释尊会这样问，站在那里，愣住了。

"找逃走的女人与找自己，哪一个更重要？"释尊再问。

青年男子眼睛里流露出惊喜的神色，他在一瞬间感悟了！青年男子低下头来，脸上的怒气早已消失了，重新洋溢着平静的神色。

追逐物欲一定会迷失自己。

第六章 素心做人 侠心做事

chapter 6

佛度众生,并非教人不食人间烟火,而是教你如何去做事,如何去做人。"君子与其练达,不若朴鲁",这就是"素心",也就是一颗至诚之心、火热之心、与人为善之心,更是侠肝义胆的忠心。

人生何妨随缘而定

一个和尚因为耐不住寂寞下山还俗去了。

不到一个月，因为耐不得尘世的口舌，又上山了。

不到一个月，又因不耐寂寞还俗去了。

如此三番，老僧就对他说："你干脆不必信佛，脱去袈裟；也不必认真去做俗人，就在庙宇和尘世之间的凉亭那里设一个去处，卖茶如何？"

这个还俗的人就讨了媳妇，支起一个茶店。日子过得红红火火。

其实，人生中的前进与后退没有定式。

假如，生活无法让你继续前进或者连退路都难以走通，那你不妨随缘而定。

其实，人生有些事强求不来，实在做不到何不放弃，如果钻牛角尖不放，那么也就等同于放弃了在其他事情上成功的机会。

贤者之心有如山石

一天，钓鱼人看见一个老和尚在凛冽的寒风中过河。老和尚把自己脱得一丝不挂，然后顶着衣服一步一步走下水去。

钓鱼人喊住老和尚说："师父，上游有桥。"

老和尚说："知道。"

他说："师父，下游有渡。"

老和尚还说："知道。"

但老和尚没有回来，他一步一步远去，在呼啸的寒风中走向对岸。

在老和尚之前和老和尚之后，有无数青年也要过河，但到河边他们就停下了。他们问钓鱼人附近有桥吗？钓鱼人说："上游十里有桥，下游十里有渡。"

年轻人听了，立即离开河边，或上或下绕道而去。有一个人或许嫌路远，没走，他脱了鞋，一步一步走进水里。当冰冷的河水没过膝盖时，那人停住了，继而，又一步一步回到岸上，穿好鞋离开河边绕道而去。

也许在我们前进的过程中，会有许许多多的艰难险阻。是选择绕道而行，还是直面困难？我们应该向目标的方向勇往直前，无论前面有多少荆棘。

佛说："贤者能看破放下，不因为有人讥毁而伤心，不因为有人称誉而欢喜。贤者之心，有如山石，虽有大风，亦不动摇；亦即有讥毁贤者，有称誉贤者，贤者皆不动心。"

水的形状

有一个人在社会上总是不得志，有人向他推荐了一位得道大师。

他找到大师。大师沉思良久，默然舀起一瓢水，问："这水是什么形状？"

这人摇头："水哪有什么形状？"

大师不答，只是把水倒入杯子，这人恍然："我知道了，水的形状像杯子。"

大师无语，又把杯子中的水倒入旁边的花瓶，这人悟然："我又知道了，水的形状像花瓶。"

大师摇头，轻轻提起花瓶，把水倒入一个盛满沙土的盆。清清的水便一下溶入沙土，不见了。这人陷入了沉默与思索。

大师低身抓起一把沙土，叹道："看，水就这么消失了，这也是一生！"

这个人对大师的话沉思良久，高兴地说："我知道了，您是通过水告诉我，社会处处像一个个不同的容器，人应该像水一样，盛进什么容器就是什么形状。而且，人还极可能在一个容器中消逝，就像这水一样，消逝得迅速、突然，而且一切无法改变！"

这人说完，眼睛紧盯着大师的眼睛，他现在急于得到大师的肯定。

"是这样。"大师拈须，转而又说，"又不是这样！"

说毕，大师出门，这人随后。在屋檐下，大师伏下身。用手在青石板的台阶上摸了一会儿，然后顿住。这人把手指伸向刚才大师手指所触之地，他感到有一个凹处。他迷惑，他不知道这本来平整的石阶上的"小窝"到底藏着什么玄机。

大师说："一到雨天，雨水就会从屋檐落下。你看，这个凹处就是水落下的结果。"

此人于是大悟："我明白了，人可能被装入规则的容器，但又可以像这小小的水滴，改变着这坚硬的青石板一样，直到破坏容器。"

为人处世要像水一样，能屈能伸。既要尽力适应环境，也要努力改变环境，实现自我。太坚硬的东西容易折断。唯有那些不只是坚硬，而多一些柔韧性的人，才可以克服更多的困难，战胜更多的挫折。

如此养生

唐代著名禅师石头希迁是一位得道的高僧，被后人称为石头和尚。他在世的时候，曾为世人开过十味奇药："好肚肠一条，慈悲心一片，温柔半两，道理三分，信行要紧，中直一块，孝顺十分，老实一个，阴骘全用，方便不拘多少。"

服用方法为："此药用宽心锅内炒，不要焦，不要躁，去火性三分，于平等盆内研碎，三思为末，六波罗蜜为丸，如菩提子大，每日进三服，不拘时候，用和气汤送下。果能依此服之，无病不瘥。切忌言清行浊，利己损人，暗中箭，肚中毒，笑里刀，两头蛇，平地起风波。以上七件速须戒之。"

希迁的养生奇方其精要在于养德。养德"不劳主顾，不费药金，不劳煎煮"，却可祛病健身，延年益寿。

一个道德高尚的人，总是正直并且富有爱心的。在遇到事情的时候，也总是能够大公无私，在处世上宁静而淡泊，不被世俗利益所蛊惑。对人对事，胸襟开阔，无私坦荡，光明磊落，故而无忧无愁，无患无求。身心处于淡泊宁静的良好状态之中，必然有利于健康长寿，有利于人性光辉的发扬。

得与失的辩证法

有一位很想成为富翁的年轻人，到处旅行流浪，辛苦地寻找着成为富翁的方法。几年过去了，他不但没有变成富翁，反而成为衣衫破烂的流浪汉。

观世音菩萨怜悯这个年轻人，就教导他说："要成为富翁很简单，从此以后，你要珍惜遇到的每一件东西、每一个人，并且为你遇见的人着想，布施给他。这样，你很快就会成为富翁了。"

年轻人听后高兴得不得了，就手舞足蹈地走出庙门。一不小心竟踢到石头绊倒在地上。当他爬起来的时候，发现手里粘了一根稻草，便小心翼翼地拿着稻草向前走。突然，他听见小孩号啕大哭的声音，走上前去。当小孩看见青年手上拿着稻草，立即好奇地停止了哭泣。那人就把稻草送给小孩，孩子高兴得笑起来。小孩的母亲非常感激，送给他三个橘子。

年轻人拿着橘子继续上路，不久，看见一个布商蹲在地上喘气。他走上前去问道："你为什么蹲在这里，有什么我可以帮忙吗？"布商说："我口渴得连一步都走不动了。""这些橘子就送给你解渴吧。"

年轻人慷慨地把三个橘子全部送给布商。布商吃了橘子，精神立刻振作起来。为了答谢他，布商送给他一匹上好的绸缎。

年轻人拿着绸缎往前走，看到一匹马病倒在地上，骑马的人正在那里一筹莫展。他就征求马主人的同意，用那匹上好绸缎换那匹病马，马主人非常高兴地答应了。

年轻人跑到小河边提了一桶水给那匹马喝，没想到才一会儿，马就好起来了。原来马是因为口渴才倒在路上的。

年轻人骑着马继续前进，在经过一家大宅院的门前时，突然跑出来一个老人拦住他，向他请求："你这匹马，可不可以借给我呢？"

年轻人立刻从马上跳下来，说："好，就借给你吧！"

那老人说："我是这大屋子的主人，现在我有紧急的事要出远门。等我回来还马时再重重地答谢你；如果我没有回来，这宅院和土地就送给你好了。你暂时住在这里，等我回来吧！"说完，就匆匆忙忙骑马走了。

年轻人在那座大庄院住了下来，等老人回来。没想到老人一去不回，他就成了庄院的主人，过着富裕的生活。这时他领悟到："呀！我找了许多年能够成为富翁的方法，原来这样简单！"

求取财富的道路不是靠无尽的索取，而应该是善意的施予，施予人方可得到他人的帮助，你的财富也才会逐渐积聚。倘若你只是一味地索取，最终只会断了财源。这就是佛法中所讲的因果报应。所以积聚财富的过程还应该是一个增益人格的过程。

水满则溢，月盈则亏

宋代有一位大禅师，名克勤，就是佛果圜悟禅师。他当年在汾州太平寺任住持时，其师五祖法演曾谓之曰："住持此院，即是给你自己的劝诫。"其师所指也就是"法演四戒"：

（1）福不可受尽。

（2）势不可使尽。

（3）好话不可说尽。

（4）规矩不可行尽。

获此戒的佛果圜悟禅师，获得上乘的智慧，终成为法演的心法弟子，著有高深微妙的《碧岩录》一书，成为宋代的大禅师。

法演四戒给了我们人生中很好的启发。

（1）福不可受尽

的确，我们经常会过于沉溺在上天赐给我们的幸福中，而这一点虽然无可厚非，但如果你不加爱惜的话，这个幸福的源泉就会逐渐枯竭，同时，为你带来幸福的"机缘"也会为之断绝。

（2）势不可使尽

人很容易顺着时势去做一些事情，但这正是危机。在最顺利、运气最好的时候，不知不觉会埋下毁灭的种子，人并不是在逆境中才开始不幸，而是在势盛时即播下了不幸的种子。

（3）好话不可说尽

根据法演的解说是："好语说尽，则人必以此为易。"所谓好，就比较广泛的意思来说，也就是"亲善"之意。善言、美辞，因能使你我之间的交情深厚。但不论怎么样的好语,如果过于详细地予以解说,则其味必减半,会给人一种平易的肤浅感。

（4）规矩不可行尽

如果过于拘泥于规矩的话,四周的人就受不了。换句话说,守规矩是好事,但过于重视规矩则会惹人嫌了。

我也可以为你忙

克契禅僧到佛光禅师处学禅已经有好长一段时间了,但是由于个性原因,他不喜欢问禅,总是在被动中摸索,多次错过了开悟的时机。

一天,佛光禅师见到克契禅僧,再也忍不住地问道:"你自从来此学禅,好像已有12个秋冬了,但你怎么从来不向我问道呢?"克契禅僧连忙答道:"老禅师每日都很忙,学僧实在不敢打扰。"时光匆匆,转眼又是3年。有一次,佛光禅师在路上又遇到了克契禅僧,再问道:"你在参禅修道上,有什么问题吗?有的话,就提出来。"克契禅僧回答道:"老禅师您这么忙,学僧不敢随便和您讲话!"又是一年过去了,克契禅僧经过佛光禅师禅房外面,禅师又对克契禅僧说道:"你过来,今天我有空,请到我的禅室来谈谈禅道吧。"克契禅僧赶快合掌作礼道:"老禅师很忙,我怎敢随便浪费您老的时间呢?"佛光禅师知道克契禅僧过分谦虚,不敢直接问道,错过很多,所以再怎么参禅,也是不能开悟的。佛光禅师知道对克契不采取主动不行,所以又一次遇到克契禅僧的时候,他明白地对克契说："学道坐禅，要不断参究，你为何老是不来问我呢？"克契禅僧仍然应道："老禅师您很忙，学僧不便打扰！"佛光禅师当下大声喝道："我究竟是为谁在忙呢？除了别人，我也可以为你忙呀！"

佛光禅师一句"我也可以为你忙"的话，深入克契禅僧的心中，克契禅僧立有所悟。

克契禅僧因为顾虑佛光禅师太忙而不肯问法，错过了很多得法的机会，还好，佛光禅师一次又一次不厌其烦地点化，终于让他有所悟。而生活中，很多东西一旦错过了，就将永远失去了。

肯做糊涂事方为明白人

寺庙中有两个小和尚为了一件小事吵得不可开交，谁也不肯让谁。第一个小和尚怒气冲冲地去找师父评理，师父在静心听完他的话之后，郑重其事地对他说："你说得对！"于是第一个小和尚得意扬扬地跑回去宣扬。第二个小和尚不服气，也跑来找师父评理，师父在听完他的叙述之后，也郑重其事地对他说："你说得对！"待第二个小和尚满心欢喜地离开后，一直跟在师父身旁的第三个小和尚终于忍不住了，他不解地问道："师父，您平时不是教我们要诚实，不可说违背良心的谎话吗？可是您刚才却对两位师兄都说他们是对的，这岂不是违背了您平日的教导吗？"师父听完之后，不但一点也不生气，反而微笑着对他说："你说得对！"第三位小和尚此时才恍然大悟，立刻拜谢师父的教诲。

其实许多事从他们个人的立场来看，他们都是对的。只不过因为每一个人都坚持自己的想法或意见，无法将心比心、设身处地地去考虑别人的想法，所以没有办法站在别人的立场去为他人着想，冲突与争执也因此就在所难免了。如果能够有一颗善解人意的心，凡事都以"你说得对"来先为别人考虑，那么很多不必要的冲突与争执就可以避免了，做人也一定会很轻松。

虚心才能学到真本事

一个满怀失望的年轻人千里迢迢来到法门寺，对住持释圆说："我一心一意要学丹青，但至今没有找到一个能令我满意的老师。"

释圆笑笑问："你走南闯北十几年，真没能找到一个自己的老师吗？"

年轻人深深叹了口气说："许多人都是徒有虚名啊，我见过他们的画，有的画技甚至不如我。"

释圆听了，淡淡一笑说："老僧虽然不懂丹青，但也颇爱收集一些名家精品。既然施主的画技不比那些名家逊色，就烦请施主为老僧留下一幅墨宝吧。"说着，便吩咐一个小和尚拿了笔墨纸砚来。

释圆说："老僧的最大嗜好，就是爱品茗饮茶，尤其喜爱那些古朴的茶具。施主可否为我画一个茶杯和一个茶壶？"

年轻人听了，说："这还不容易？"

于是调了一砚浓墨，铺开宣纸，寥寥数笔，就画出一个倾斜的水壶和一个造型典雅的茶杯。那水壶的壶嘴正徐徐吐出一脉茶水，注入到了茶杯中。年轻人问释圆："这幅画您满意吗？"

释圆微微一笑，摇了摇头。

释圆说："你画得确实不错，只是把茶壶和茶杯放错位置了。应该是茶杯在上，茶壶在下呀。"

年轻人听了，笑道："大师为何如此糊涂，哪有茶壶往茶杯里注水，而茶杯在上茶壶在下的？"

释圆听了，又微微一笑说："原来你懂得这个道理啊！你渴望自己的杯子里能注入那些丹青高手的香茗，但你总把自己的杯子放得比那些茶壶还要高，香茗怎么能注入你的杯子里呢？"

只有把自己放低，才能吸纳别人的智慧和经验，才能逐渐积聚各种营养，成海之博大，成山之巍峨。

决不后退

当年隐峰学禅的时候，老师马祖为了测试爱徒修行的深浅，决定找个机会试试他。

一日，老禅师看到隐峰推着板车，要从一条狭窄的小路上经过，就故意跑过去躺在路中间假装睡大觉，伸腿挡住去路。

"师父，你老人家快起来，要不然车压到您的腿了。"

马祖爱理不理地答道："已经伸出去的脚不能收回来。"

隐峰一听，立即说道："已经前进的车不能再后退。"

于是，隐峰推车从老禅师的腿上碾了过去。

马祖大叫一声，腿上已经鲜血淋漓。气愤的马祖一瘸一拐地找来一把斧头，来到法堂，敲钟召集所有僧众，大喝道："哪个小子刚才碾伤了老僧双脚？给我出来！"

僧人们个个都吓傻了，今天看来要血溅佛堂了。

"阿弥陀佛！"

只有隐峰和尚毫无惧色，大踏步走上前去，把头放在马祖抡起的斧头下面。

马祖哈哈大笑，把斧头扔在地上，高兴地说："孺子可教！"

马祖横插一腿挡路，实际上是在问隐峰如何克服学禅路上的各种障碍。隐峰推车碾过，是表示自己决不后退。

马祖又手执利斧进一步考验他，隐峰又以"我不入地狱谁入地狱"的大无畏精神坦然面对。看到爱徒如此精进，难怪老和尚哈哈大笑。

人在通往成功的道路上应该毫不胆怯、毫不迟疑地勇往直前。这是修禅所需的勇气，我们在生活中若想有所成就，道理也与此相同。

盲童的执着

夏季的一个傍晚，天色很好。

海澄大师到寺外散步，在一片空地上，看见一个 10 岁左右的小男孩和一位妇女。那孩子正用一只做得很粗糙的弹弓打一只立在地上、离他有七八米远的玻璃瓶。那孩子有时能把弹丸打偏很多，而且忽高忽低。海澄大师便站在他身后不远处，看他打那瓶子，因为他还从没有见过打弹弓这么差的孩子。

那位妇女坐在草地上，从地上捡起一颗颗石子，轻轻递到孩子手中，安详地微笑着。那孩子便把石子放在皮套里，打出去，然后再接过一颗。

从那妇女的眼神中可以猜出，她是那孩子的母亲。

那孩子很认真，屏住气，瞄很久，才打出一弹。但海澄大师站在旁边都可以看出，他这一弹一定打不中，可是他还在不停地打。

海澄大师走上前去，对那母亲说：

"让我教他怎样打好吗？"

男孩停住了，但还是看着瓶子的方向。

他母亲对海澄大师笑了一笑："谢谢师父，不用了！"

她顿了一下，望着那孩子，轻轻地说："他看不见。"

海澄大师怔住了。半晌，海澄大师喃喃地说："噢……施主，对不起！但他为什么要这么玩？"

"别的孩子都这么玩。"

"呃……"海澄大师说，"可是他——怎么能打中呢？"

"我告诉他，总会打中的。"母亲平静地说，"关键是他做了没有。"

海澄大师沉默了。

过了很久，那男孩的频率逐渐慢了下来，他已经累了。

他母亲并没有说什么，还是很安详地捡着石子儿，微笑着，只是递的节奏也慢了下来。

海澄大师慢慢发现，这孩子打得很有规律。他打一弹，向一边移一点，打一弹，再转点，然后再慢慢移回来。

他只知道大致方向啊！

过了很久，夜幕降临，海澄大师已看不清那瓶子的轮廓了，便转身向寺庙的方向走去。

走出不远，海澄大师突然听到身后传来一声清脆的瓶子的碎裂声。

在恒心和爱的支持下，这个世界上没有任何不能逾越的障碍。

学会低调入世

曾经有一个法师将要圆寂，他的弟子都去探望他。弟子们来到法师床前，求教道：

"师父的病不轻啊，还有什么要传授给弟子的吗？"法师点头，随后张开口，让弟子们看，并问道："我的舌头还在吗？"

弟子们回答："还在，好着呢！"

法师又问："我的牙齿还在吗？"

因为年迈，法师的牙齿已经掉光了，只露着光秃秃的牙床。

"牙齿不在了。"弟子们老老实实回答。

法师又问："你们领悟到这个道理了吗？"

弟子们略有所悟地回答："因为柔软，所以舌头还在；因为刚强，所以牙齿掉光。是这个道理吗？"

法师说："对啊，天下的道理都在这里。我已经没什么话要说了。"

很多人认为，要想在人群中获得生存和发展的机会，就必须把自己变成一个强者，说话要犀利、办事要强硬，只有在势头上压人一头，才能获得别人的认同。其实，并非如此，有时能给我们带来好人缘和权威感的却是柔韧。

所以，必要时我们应该学会低头、忍耐。

不复再画

月船禅师是一位善于绘画的高手，可是他每次作画前，必坚持购买者先行付款，否则决不动笔，对这种作风，社会人士经常微词批评。

有一天，一位女士请月船禅师帮她作一幅画，月船禅师问："你能付多少酬劳？"

"你要多少就付多少！"那女子回答道："但我要你到我家去当众挥毫。"

月船禅师允诺跟着前去，原来那女子家中正在宴客，月船禅师以上好的毛笔为她作画，画成之后，拿了酬劳正想离开。那女士就对宴桌上的客人说道："这位画家只知要钱，他的画虽画得很好，但心地肮脏；金钱污染了它的善美。出于这种污秽心灵的作品是不宜挂在客厅的，它只能装饰我的一条裙子。"

说着便将自己穿的一条裙子脱下，要月船禅师在它后面作画。月船禅师问道："你出多少钱？"

女士答道:"哦,随便你要多少。"

月船开了一个特别昂贵的价格,然后依照那位女士要求画了一幅画,画毕立即离开。

很多人怀疑,为什么只要有钱就好?受到任何侮辱都无所谓的月船禅师,心里是何想法?

原来,在月船禅师居住的地方常发生灾荒,富人不肯出钱救助穷人,因此他建了一座仓库,贮存稻谷以供赈济之需。又因他的师父生前发愿建寺一座,但不幸其志未成而身亡,月船禅师要完成其志愿。

当月船禅师完成其愿望后,立即抛弃画笔,退隐山林,从此不复再画。他只说了这样的话:"画虎画皮难画骨,画人画面难画心。"钱,是丑陋的;心,是清净的。

有禅心的人,不计人间毁誉,像月船禅师,以自己的艺术素养,求取净财救人救世,他的画不能以一般画来论,应该称为禅画了。因为他不是贪财,他是舍财,可是世间人有多少人能懂得这种禅心呢?

一桩大买卖

这个世界上其实没有绝对的穷人,我们每个人在精神上都是富有的,可是我们不知道它的可贵,只是片面地将拥有外在的财富当成富有的标志。于是,在追求外在财富的同时,我们迷失了内在的财富。迷失了内在财富,我们就成了一贫如洗的穷人。

当一个人成了这样的穷人的时候，就会铤而走险，迷失在滚滚的红尘之中。有时候，甚至会不择手段，去做偷鸡摸狗的勾当。

石屋禅师在云游时，有一次，遇到了一个青年男子，两人就结伴同行。天黑了，那个男子非常热情地邀请禅师去他家过夜。

禅师向他道谢，晚上就住在了这个人的家里。

半夜的时候，禅师听到有人蹑手蹑脚地来到了他的屋子里，就大喝一声："谁？"

那人被吓得扑通一声跪倒在地上。禅师揭去蒙在他脸上的黑布，一看，原来竟是白天和自己一起赶路的青年男子，也就是这家屋子的主人。

"怎么是你？哦，我知道了，原来你留我过夜是为了干这个啊！嘻，我一个和尚家能有多少钱？你如果要干，就去干一桩大买卖！"

那男子开始时一愣，后来非常惊喜地说："原来我们是同道中人！你要教我干一桩什么样的大买卖啊？"

禅师看他这个样子，对他说道："可怜呀！你放着终生享受不尽的东西不用，却来做这样偷鸡摸狗的小买卖。这种终生享受不尽的东西，你想要吗？"

"终生受用不尽的东西？它在哪里？快讲，快讲！"

禅师突然一把抓住男子的衣襟，厉声喝道："它就在你的怀里面。你不知道你的怀里有宝贝，却要自甘堕落，你枉费了父母给你的身子！"

一语惊醒梦中人。这个人恍然大悟，泪如雨下，向禅师磕头致谢。

从此以后，这个人改邪归正。他发现了自家的宝藏，自食其力，过上了快快乐乐的日子。

这个自家宝藏，就是每个人拥有的当下的快乐。它与物质财富的多少，并无直接的联系。只要你认识它，呵护它，在平平淡淡、朴素无华的生活中，也有人生的乐趣。

悲从何来

　　古时有一个大财主，吃斋念佛多年，50岁方得一子，视为掌上明珠。
　　儿子渐大，只会笑，不会哭。财主想尽各种办法，夺他东西，不哭；骂他，不哭；打他，不哭。正无可奈何之际，适逢一云游高僧前来化缘，财主遂求其为儿子诊治。
　　仆人把孩子抱来。孩子不认生，冲高僧嘻嘻直笑。财主上前，咬咬牙狠狠地打了孩子屁股一下，孩子皱皱眉头，随即平静，一声不哭。
　　财主冲高僧一摊手："高僧，这孩子是不是智力有问题？"高僧不说话，顺手从果盘里拿出一根香蕉和一串葡萄，在小孩儿面前一晃。
　　小孩儿想了想，伸手接过了葡萄，并微微一笑。
　　财主在一边解释："儿子从小就不吃香蕉。"
　　高僧点点头："知取舍，智力没有问题。"
　　财主伸手拿走了盘子中的香蕉，孩子愣了一下，不悲亦不哭。
　　"您看，失去却不悲不哭，不会是前世高僧转世吧？我这万贯家财还指望他继承呢，我可不想让他出家。您给想想办法吧。"
　　高僧沉思片刻，端起桌上果盘，说："跟我来！"
　　一行人走出财主家的大门，恰逢三个小孩儿在门前玩耍。高僧瞅瞅小孩儿，再瞅瞅果盘，果盘里恰巧还有三根香蕉一串葡萄。于是高僧伸手把孩子招呼到身边，分给每人一根香蕉。三个小孩儿接过来，兴高采烈地剥开就吃。

这时，财主的儿子忽然伸手指着香蕉，大声叫起来。财主赶紧拿过葡萄哄儿子："那是你最不爱吃的香蕉，这是你最喜欢吃的葡萄！"

财主的儿子夺过葡萄，气急败坏地扔到地上，仍是伸手要香蕉。三个孩子很快吃完，拿着香蕉皮得意地冲财主儿子笑笑。

"哇！"财主的儿子忽然号啕大哭，把财主和仆人都吓了一跳。

财主欣喜之余喃喃不解："他平时一口香蕉也不吃，今天怎么会为香蕉哭了呢！"高僧微微一笑："世间大多数人的悲伤，不是因为自己失去了，而是因为别人得到了。"

什么叫美德

一个年轻人去拜访一位住在大山里的禅师，他们讨论关于美德的问题，这时候，一个强盗也找到了禅师，他跪在禅师面前说："禅师，我的罪过太大了，很多年来我一直寝食难安，难以摆脱心魔的困扰，所以我才来找你，请你为我澄清心灵。"

禅师对他说："你找我可能找错人了，我的罪孽可能比你的更深重。"

强盗说："我做过很多坏事。"

禅师说："我曾经做的坏事肯定比你还要多。"

强盗又说："我杀过很多人，闭上眼睛我就能看见他们的鲜血。"

禅师回答说："我也杀过很多人，我不用闭上眼睛就能看见他们的鲜血。"

强盗说："我做的一些事简直没有人性。"

禅师回答："我都不敢想那些以前我做的那些没有人性的事。"

强盗听禅师这么说，就用一种鄙夷的眼睛看了看禅师，说："既然你是这么一个人，为什么还在这里自称为禅师，还在这里骗人做什么！"于是他起身轻松地下山去了。

年轻人在旁边一直没有说话，等到那个强盗离去以后，满脸疑惑地向禅师问道："你为什么要这样说，我很了解你是一个品德高尚的人，一生中从未杀生，你为什么要把自己说成是十恶不赦的坏人呢？难道你没有从那个强盗的眼中看到他已经对你失去信任了吗？"

禅师说道："他的确已经不信任我了，但是你难道没有从他的眼中看到他如释重负的感觉吗？还有什么比这样更能让他弃恶从善呢？"

年轻人激动地说："我终于明白了什么叫作美德！"

远处传来那个强盗欢乐的叫喊声："我以后再也不做坏人了！"这个声音响彻了山谷。

每个人都有向善的可能，千万不要自暴自弃。

人最大的缺点

弟子问禅师："人最大的缺点是什么，而这些缺点又是他自己发现不了的？"

禅师说："愚昧、残忍、怯懦。"

第一是愚昧：有一个老太太80岁得了一个孙子，她欢喜得不得了。儿媳妇不让她抱，一切都由儿媳妇来照顾，可是老太太不答应，硬要喂饭给孩子。结果不久以后，孩子高烧不退，患肺病死掉了。经检查，原来是老太太将肺病传染给自己的孙子的。老太太并不知道，反而抱怨儿媳没照顾好孙子，儿媳只好说了实话。当老太太知道事情的真相时，她悲痛欲绝，在内心的愧疚与痛苦中上吊死了；儿媳妇精神也失常了。这是愚昧的结果！

第二是残忍：看到别人家失火了，有的人却围着看热闹，还有的人居然会感到扫兴、失望，抱怨火灭得太快，高潮还没有出现就被扑灭了。这就是残忍的表现！

第三是怯懦：豹子十分凶猛，可是却不敢在地上睡觉，每到睡觉时都爬到树上去，只有在树上睡觉时它才会感到安全。有人怕丢面子、有人怕受伤害、有人害怕失去拥有的。这些人实在是可怜，他们整天提心吊胆地生活，没有一天轻松的时候。这就是怯懦的表现。

人最大的缺点是最致命的缺点。

第七章

减一分欲望多一分滋味

chapter 7

在对欲望的追逐中，人们常感觉身心俱疲，却又无法停下走向这个无底洞的脚步，正所谓"世味浓，不求忙而忙自至"。但忙来忙去，多的是更大的贪念和对心灵的负罪，少的是人生的真滋味。

一匹马带来的烦恼

从前有座山，山上有个庙，庙里有个老和尚和一个小和尚。小和尚建议师父："如果买一匹马，您就不用整天这么劳累奔波了，可以轻松很多。"

老和尚如愿以偿地买到了马匹，中午正想美美地睡个午觉。

突然，小和尚跑了进来，说道："师父，我们忘了一件事，今晚马儿睡哪儿呀？我们应该给马儿建个马棚。"

老和尚想，徒儿的建议很有道理，很及时。

于是，老和尚决定，马上就给马儿建个马棚。

马棚终于建好了，老和尚累了一天，正想躺下好好休息一下，小和尚又跑到跟前，说道："师父，马棚虽然建好了，但是你整天忙于化缘，而我又要学禅，平时谁来养马呀！我们还少一个养马的。"

老和尚想，徒儿的建议有道理，很及时。

于是，老和尚决定聘请一个马倌。

第二天，老和尚刚睡醒，小和尚跑了进来，说道："师父，今天我又想起一件事，以前庙里就咱俩，饱一顿饿一顿的，很好打发。可现在，人变多了，我们应该再请一个厨师呀！"

老和尚想了一下，觉得小和尚的建议的确有道理，也很及时。

于是，老和尚决定，聘请一个厨师兼保姆。吃完早饭，老和尚正准备外出讲经，小和尚跑到跟前，说道："师父，厨师已经请来了。不过，他说庙里没有厨房，让我们赶紧造一间，他还说，他年老力衰，又不会算账，让我们再请一个伙计，帮他买买菜，打个下手。"

突然间，老和尚悟出了什么，想道："以前的日子多简单、多轻松呀……"他对小和尚说："这匹马只会让我觉得更累，赶快卖了它吧。"

生活中总是有很多的需要。但有些东西并不是我们真正需要的，辛苦地购置之后，才发现在实际的生活中并没有使用价值，反而还带来更多的负担，与其为其所累，倒不如果断地摆脱它。

金子与石头

有个守财奴用自己的全部家当换成了一块金子，把它埋在墙角下的一个洞里，而且每天都要看一次。由于他总要去那里，渐渐地引起了别人的注意，发现了这个秘密，终于趁他不备偷走了金子。守财奴再去时，金子已经不在，于是他放声大哭。

明醒大师见他如此难过，就安慰他说："金子埋在那里不用，和石头有什么分别，这样吧，你再埋一块石头在那里，拿它当金子不就行了吗？"

金子如果放置不用，自然无法发挥作用，无异于石头一块，所以明醒大师所说的确实很有道理。可是守财奴偏偏就想不通。

欲望是人们堕落的源头

慧远禅师年轻时喜欢四处云游。

20岁那年在行路途中，慧远禅师遇到了一位嗜烟的路人，两个人结伴走了很长的一段山路，然后都坐在树边休息。那位路人给了慧远禅师一袋烟，慧远禅师高兴地接受了路人的馈赠，然后他们就开始了闲聊。由于谈得很投机，那人便送给他一根烟管和一些烟草。

慧远禅师与路人分开之后，心想："这个东西令人十分舒服，肯定会打扰我禅定，时间长了一定会养成恶习，所以还是趁早戒掉的好。"于是就把路人送给他的烟管和烟草全部都扔掉了。

之后，他又迷上了书法和诗歌，每天钻研，竟也小有所成，有几位书法家和诗人居然对他的书法、诗赞不绝口。但是他转念又想道："我又偏离了自己的正道，再这样下去，我很有可能成为一名书法家或诗人，而不是一位禅师。"

从此，他不再舞文弄墨、习字赋诗，并且放弃了一切与禅无关的东西，一心参悟，终于成为一位著名的禅宗大师。

致力于自己所努力的方向和目标，一路上不为外物所蛊惑、所引诱，唯有控制自己的欲望，方能成就自我的追求。"欲望"可以是推动人们向上的一股力量，也可以是人们堕落的源头。

知道自己有什么

一个青年老是埋怨自己时运不济发不了财，终日愁眉不展。这天，来了一个老和尚，问他："年轻人，你为何不高兴？"

"我不明白为什么我总是那么穷。"

"穷？你很富有嘛。"老和尚由衷地说。

"这从何说起？"年轻人问。

老和尚不正面回答，反问道："假如今天斩掉你一个手指头，给你1000元，你干不干？"

"不干。"

"斩掉你一只手，给你1000元，你干不干？"

"不干。"

"让你马上变成80岁的老人，给你1000万，干不干？"

"不干。"

"让你马上死掉，给你1000万，干不干？"

"不干。"

"这就对了。你已经有了超过1000万的财富了，为什么还哀叹自己贫穷呢？"老和尚笑着问。

不要抱怨家庭的贫寒，不要抱怨时运不济，不要怨天尤人。有一种资本是用金钱买不到的：这就是年轻。身体是一部不停运转的机器，因为年轻，它还是崭新的，只要你运用得当，就能不断地创造价值，所以不必为暂时的不得意而垂头丧气，只要不让机器闲置，成功早晚会降临在你头上。

拥有便是损失

有一位禅师，每天早上经过一个豆腐坊时，都能听到屋里传出愉快的歌声。

这天，他忍不住走进豆腐坊，看到一对小夫妻正在辛勤劳作。禅师怜悯之心大发，说："你们这样辛苦，只能唱歌消烦，我愿意帮助你们，让你们过上真正快乐的生活。"说完，放下了一大笔钱，送给小夫妻。

这天夜里，禅师躺在床上想："这对小夫妻不知道明天会是什么样子，我须仔细观察一下，看他们是否能够摆脱金钱的诱惑。"

第二天一早，禅师又经过豆腐坊，却没有听到小夫妻俩的歌声。他想，"他们可能激动得一夜没睡好，今天要睡懒觉了。"

但第二天、第三天，还是没有歌声。

就在这时，那做豆腐的男人出来了，拿着那些钱，一见禅师便急忙说道："禅师我正要去找你，还你的钱。"

禅师问："为什么？"

年轻的做豆腐的师傅说："没有这些钱时，我们每天做豆腐卖，虽然辛苦，但心里非常踏实。自从拿了这一大笔钱，我和妻子反而不知如何是好了——我们还要做豆腐吗？不做豆腐，那我们的快乐在哪里呢？如果还做豆腐，我们就能养活自己，要这么多钱做什么呢？放在屋里，又怕它丢了；做大买卖，我们又没有那个能力和兴趣。所以还是还给你吧！"

禅师听后微微一笑说：看来你们已经有所悟了。第二天，当他再次经过豆腐坊时，听到里边又传出了小夫妻俩的歌声。

拥有更多的财富，是许许多多人的奋斗目标。财富的多寡，也成为衡量一个人才干和价值的尺度。当一个人被列入世界财富榜时，会引起多少人的艳羡。但对于个人来说，过多的财富是没有多少用的，除非你是为了社会在创造财富，并把多余的财富贡献给了社会。但丁说："拥有便是损失。"财富的拥有超过了个人所需的限度，那么，拥有越多，损失就越多。

那就是禅

王田是一个精于医术的医生，不过仍有许多病人死去，因此每天都惧怕死亡。一次在出诊的路上，碰到一位云水僧，王田于是就请示道："什么叫禅？"

云水僧回答道："我也不知如何告诉你，但有一点可以确信的是，一旦会了禅之后，就不用怕死了。"于是在云水僧的指示下，王田前往参访南隐禅师。

王田医师找到南隐禅师的住处，说明来意，并请求开示。

南隐禅师道："禅不难学，你既然身为一个医师，就应该好好对待你的病人，那就是禅！"王田医师似懂非懂地前后拜访了南隐禅师三次，南隐禅师总是对他说道："一位医生不该把时间每天消磨在寺院里，快回家照顾你的病人去！"

王田医师非常不解地想着：这种开示，怎能祛除怕死的心呢？因此，当他第四次参访时，就抱怨道："有位云水僧告诉过我，人一旦学了禅就不怕死。每次我到这里，你总是要我照顾我的病人。对于这一点我很明白；但假如这就是所谓的禅，我以后就不必再来向你请教了。"

南隐禅师微笑着拍着王田的肩膀说道："我对你太严格了，让我给你一个公案试试吧！"

所谓公案就是南隐禅师要王田参"赵州无"的话头，王田苦参这"无"字公案，前后二年，当他将心境告诉南隐禅师时，得到的答案是"尚未进入禅境"。王田并不灰心，专心致志，又参究一年半，终于自觉心地澄明，难题逐渐消失。"无"已成了真理。他善待他的病人而不知其为善待；他已脱离了生死挂虑。

最后，当他叩见南隐禅师时，禅师只对他微笑说了一句话："从忘我到无我，那就是禅心的显现了。"

王田医师经常接触老病死生之人，因此，"眼看他人死，我心急如火，不是伤他人，看看轮到我"。所以对死亡就起了恐惧，南隐禅师要他好好照顾病患者，就是参禅，因为一个人放弃责任，放弃爱心，怎能入禅呢？及至他参透了"无"字的公案，从有心到无心，从有我到无我，从有生到无生，那就是无死的禅境了。

飞越生死

有一个学僧道岫，虽然精于禅道的修持，但始终不能契悟，眼看比他晚入参禅学道的同参，不少人对禅都能有所体会，想想自己实在没有资格学禅，始终不能入门。心想还是做个行脚的苦行僧吧！于是道岫就打点二斤半的衣单，计划远行。临走时便到法堂去向广圄禅师辞行。

道岫禀告道："老师！学僧辜负您的慈悲，自从皈投在您座下参学已有十年之久，对禅，仍是一点消息没有。我实在不是学禅的根器，今向您老辞行，我将云游他方。"

广圄禅师非常惊讶问道："哦！为什么没有觉悟就要走呢？难道到别处就可以觉悟吗？"

道岫诚恳地再禀告道："我每天除了吃饭、睡觉之外，都精进于道业上的修持，我用功就是因缘不合。反观同参的道友们一个个都契机地回归根源。目前在我心的深处，萌发一股倦怠感，我想我还是做个行脚的苦行僧吧！"

广圄禅师听后开示道："悟，是一种内在本性的流露，根本无法形容，也无法传达给别人，更是学不来也急不得的。别人是别人的境界，你修你的禅道，这是两回事，为什么要混为一谈呢？"

道岫道："老师！您不知道，我跟同参们一比，立刻就有大鹏鸟与小麻雀的惭愧。"

广圄禅师装着不解似的问道:"怎么样的大?怎么样的小?"

道岫答道:"大鹏鸟一展翅能飞越几百里,而我只囿于草地上的方圆几丈而已。"

广圄禅师意味深长地问道:"大鹏鸟一展翅能飞几百里,它已经飞越生死了吗?"

道岫禅僧听后默默不语,若有所悟。

谚云:"人比人,气死人。"比较、计较,这是烦恼的来源,怎能透过禅而悟道呢?聪明、机智,大鹏鸟一展翅千八百里,但不能飞越过生死大海。因为小麻雀与大鹏鸟比较上有快慢、有迟速,但禅要从平等自性中流出的。所以道岫禅僧一旦除去比较、计较,回归到平等自性中来,就能有所悟了。

炷香增福

唐朝裴休宰相,是一个很虔诚的佛教徒,他的儿子裴文德,年纪轻轻的就中了状元,皇帝封他为翰林,但是裴休不希望儿子这么早就飞黄腾达,少年进入仕途。因此就把他送到寺院里修行参学,并且要他先从行单(苦工)上的水头和火头做起。这位少年得意的翰林学士,天天在寺院里挑水砍柴,弄得身心疲累,而又烦恼重重,心里就不停地嘀咕,不时地怨恨父亲把他送到这种深山古寺里来做牛做马,但因父命难违,强自隐忍，像这样心不甘情不愿地做了一段时间之后，终于忍耐不住，满怀怨恨地发牢骚道：

"翰林担水汗淋腰，和尚吃了怎能消？"

寺里的住持无德禅师刚巧听到，微微一笑，也念了两句诗回答道：

"老僧一炷香，能消万劫粮。"

裴文德吓了一跳，从此收束身心，苦劳作役。

伟大人物，不是坐在高位上给人崇拜，禅者是从卑贱作业，苦役劳动中身体力行，磨砺意志。儒家有"天将降大任于斯人也，必先苦其心志，劳其筋骨，饿其体肤，空乏其身"。佛教更是重视苦行头陀，劳役历练。虽然如斯，这也只是充实福德因缘，乃属世间有为法，若禅者炷香，心能横遍十方，性能竖穷三际，心性能与无为法相应，当然"老僧一炷香，能消万劫粮"了。

一袭衲衣

有一位无果禅师深居幽谷一心参禅，20余年来都由一对母女护法供养，由于一直未能明心，生怕信施难消，故想出山寻师访道，以明生死大事。护法的母女要求禅师能多留几日，要做一件衲衣送给禅师。

母女二人回家后，马上着手剪裁缝制，并一针念一句弥陀圣号。做毕，再包了四锭马蹄银，送给无果禅师做路费。禅师接受了母女二人的好意，准备明日动身下山，是夜仍坐禅养息，忽至半夜，有一青衣童子，手执一旗，后随数人鼓吹而来，扛一朵很大的莲花，到禅师面前。童子说："请禅师上莲华台！"

禅师心中暗想：我修禅定功夫，未修净土法门，就算修净土法门的行者，此境亦不可得，恐是魔境。无果禅师就不理他，童子又再三地劝请，说勿错过，无果禅师就随手拿了一个引磬，插在莲花台上。不久，童子和诸乐人，便鼓吹而去。

第二天一早，禅师正要动身时，母女二人手中拿了一个引磬，问无果禅师道："这是禅师遗失的东西吗？昨晚家中母马生了死胎，马夫用刀破开，见此引磬，知是禅师之物，故特送回，只是不知为什么会从马腹中生出来呢？"

无果禅师听后，汗流浃背，乃作偈曰："一袭衲衣一张皮，四锭元宝四个蹄；若非老僧定力深，几与汝家作马儿。"

说后，乃将衣银还于母女二人，一别而去！

即使悟道，若无修正，生死轮回，仍难免除，观夫无果禅师，可不慎哉？

宜默不宜喧

灵树院有一年结夏安居的时候，五代时的后汉刘王坚持礼请云门禅师及其寺内大众全体到王宫内结夏。诸位法师在宫内接受宫女们礼敬问法，莺莺燕燕，热闹非凡。尤其刘王虔诚重法，故禅修讲座，无日无之。

寺中耆宿也都乐于向宫女和太监们说法。但唯有云门禅师一人却在一旁默默坐禅，致使宫女们不敢亲近请示。

有一位值殿的官员，经常看到这种情形，就向云门禅师请示法要，云门禅师总是一默，值殿官员不但不以为忤，反而更加尊敬，就在碧玉殿前贴一首诗道："大智修行始是禅，禅门宜默不宜喧，万般巧说争如实，输却禅门总不言。"

禅门高僧，一向如闲云野鹤，或居山林，或住水边，三衣一具，随缘任运，即使法缘殊胜，王宫侯第，亦不为利诱，不为权动。如云门禅师者，"一默一声雷"，虽不言语，实则有如雷轰顶之开示，吾人如在沉默时体会出千言万语，就可以说已透到一点禅的消息了。

你从哪里来

惠能当初见五祖的时候，五祖弘忍大师第一句就问他："你从哪里来？"

"我从岭南来。"惠能回答。

"岭南是獦獠的地方，獦獠没有佛性啊！"

惠能就回答说："人有南北，佛性也有南北吗？"

就因为这一段重要的对话，惠能受到五祖弘忍特别的器重，并且传授衣钵。

以后，六祖惠能大师也常以同样的问话，摄受了许多门徒弟子。以下举四个例子，来说明这一点。

一、神会大师亲近六祖，六祖问他："你从哪里来？"

神会回答说："我不从那里来。"

这回答非常受六祖的赏识。

二、南岳怀让禅师于23岁时参访六祖，六祖一样地问他："你从哪里来？"

"我从安和尚那里来。"

六祖又问：

"什么东西把你带来？"

怀让禅师无法回答这个问题，因此在曹溪一住就是10多年，直到30多岁才开悟。

三、青原行思禅师，初到曹溪之时，六祖也这样问他："你做过什么事才来这里？"

行思禅师回答他说："圣谛亦不为。"意思是说成佛做祖我都不要，还要做什么？这句话也大受六祖的器重。

四、做过唐代国师的南阳慧忠禅师，初来参学时，六祖问他说："你从哪里来？"

慧忠回答说："我从近处来。"

由于过去五祖问他："你从那里来？"因而开启六祖入道的因缘，所以六祖以后接引参禅的人也都以"你从哪里来"来启发对方、考验对方，要对方对自己生命最根本的来处提起疑情，深入去探究真相。提起疑情是禅宗接机时常常使用的重要方法之一，从一个接连一个的问答之中，禅者终于返照自性，认识到自己本来面目。

高与远

　　龙虎寺禅院中的学僧正在寺前的围墙上，模拟一幅龙争虎斗的画像，图中龙在云端盘旋将下，虎踞山头，作势欲扑，虽然修改多次，却总认为其中动态不足，适巧无德禅师从外面回来，学僧就请禅师评鉴一下。

　　无德禅师看后说道："龙和虎的外形画得不坏，但龙与虎的特性你们知道多少？现在应该要明白的是龙在攻击之前，头必须向后退缩；虎要上扑时，头必然向下压低。龙颈向后的曲度愈大，虎头愈贴近地面，它们也就能冲得更快、跳得更高。"

　　学僧们非常欢喜地受教道："老师真是一语道破，我们不仅将龙头画得太向前，虎头也太高了，怪不得总觉得动态不足。"

　　无德禅师借机说教道："为人处事，参禅修道的道理也一样，退一步的准备之后，才能冲得更远，谦卑的反省之后才能爬得更高。"

　　学僧不解似地道："老师！退步的人怎能向前！谦卑的人怎能更高？"

　　无德禅师严肃地说道："你们且听我的禅诗。"

　　"手把青秧插满田，低头便见水中天；身心清净方为道，退步原来是向前。"

　　诸仁者能会意吗？

　　诸学僧至此均能省矣。

　　禅者的人格，有自尊的一面，他们有时顶天立地，孤傲不群，有如龙抬头虎相扑；但有时也非常自谦，有如龙退缩，虎低头。这正说明了当进则进，当退则退；当高则高，当低则低。所谓进退有据，高低有时也。龙为兽中之灵，虎为兽中之王，禅者乃人中之贤，以退为进，以谦为尚，不亦宜乎？

连骨头都换了

圜悟克勤禅师的得意弟子大慧宗杲，是宋代非常著名的禅师。大慧宗杲的门下，有一个和尚叫道谦。他参禅多年，却没有发现禅的奥秘。宗杲派他出远门去办事，道谦非常失望。他想，为时半年的远行，对自己的参禅有害无益。

道谦的同门宗元禅师很同情他，说："既然你这么不开心，我陪你一起去好了。我想我可以尽我的全力来帮助你，没有任何理由使你不能在路上继续参禅啊。"于是，他们结伴远行。

两个人风餐露宿，好不辛苦。一天晚上，道谦向宗元诉说了自己长久以来苦苦地参禅却一直不能悟道的苦恼，并请求宗元帮忙。

宗元说："我能帮助你的事，我会尽量帮助你，但有五件事我是没办法帮你的，这五件事你必须自己去做。"

道谦忙问是哪五件事，宗元说：

"当你肚饿口渴时，我不能代替你吃饭、喝水，你必须自己去吃饭、喝水；当你想大小便时，你也必须自己去做，这四件事我一点也帮不上你。最后，除了你自己之外，谁也不能驮着你的身子在路上走！"

这席话立即打开了道谦的心扉,他顿时感到快乐无比!原来,参禅是自己的事情,别人永远是无法替代的啊。

于是,宗元说:"我的事已做完了,再陪你下去已经没有什么意义,你就一个人继续前行吧。"

半年之后,道谦回到了原来的庙里。大慧宗杲在半山亭远远地看见他,高兴地说:

"这个人连骨头都换了!"

当我们"连骨头都换了"的时候,就会对生活别有一番独特的感受。

欲望

有个人问禅师:"世上最可怕的是什么?"

禅师说:"欲望!"

那个人满脸疑惑。

禅师说:"听我讲一个故事吧!"

"有一个农民想买一块地,他听说有个地方的人想卖地,便决定到那里打探一下。到了那个地方,他向人询问:'这里的地怎么卖呢?'

"当地人说:'只要交1000块钱,然后就给你一天时间,从太阳升起的时间算起,直到太阳落下地平线,你能用步子圈多大的地,那些地就是你的了;但是如果不能回到起点,你将不能得到一寸土地。'

"这个人想:'那我这一天辛苦一下,多走一些路,岂不是可以圈很大一块地，这样的生意实在是太划算了！'于是他就和当地的人签订了合约。

"太阳刚一露出地平线他就迈着大步向前疾走，到了中午的时候，他回头已经看不到出发的地方了才拐弯。他的步子一分钟也没有停下，一直向前走着，心里想：'忍受这一天，以后就可以享受这一天的辛苦带来的欢悦了。'

"他又向前走了很远的路，眼看着太阳要下山了，他心里非常着急，因为如果他赶不回去的话就一寸地也不能得到了，于是他走斜路向起点赶去。可是太阳也马上就要落到地平线下面了。于是他加紧了脚步，只差两步就要到达起点了，但是他的力气已经耗尽，倒在了那里，倒下的时候两只手刚好触到了起点的那条线。那片地归他了，可是又有什么用呢？他的生命已经失去了，还有什么意义呢？"

禅师讲完，闭目不语。弟子顿有所悟。

人的欲望与现实之间的鸿沟永远无法逾越。

闲名

洞山禅师感到自己即将离开人世了。这个消息传出去以后，人们从四面八方赶来，连朝廷也派人急忙赶来。

洞山禅师走了出来，脸上洋溢着净莲般的微笑。他看着满院的僧众，大声说："我在世间沾了一点闲名，如今躯壳即将散坏，闲名也该去除。

你们之中有谁能够替我除去闲名？"

殿前一片寂静，没有人知道该怎么办，院子里只有沉静。

突然，一个前几日才上山的小和尚走到禅师面前，恭敬地顶礼之后，高声说道："请问和尚法号是什么？"

话刚一出口，所有的人都投来埋怨的目光。有的人低声斥责小沙弥目无尊长，对禅师不敬，有的人埋怨小沙弥无知，院子里闹哄哄的。

洞山禅师听了小和尚的问话，大声笑着说："好啊！现在我没有闲名了，还是小和尚聪明！"于是坐下来闭目合十，就此离去。

小和尚眼中的泪水再也忍不住，止不住流了下来。他看着师父的身体，庆幸在师父圆寂之前，自己还能替师父除去闲名。

过了一会儿，小和尚立刻被周围的人围了起来，他们责问道："真是岂有此理！连洞山禅师的法号都不知道，你到这里来干什么？"

小和尚看着周围的人，无可奈何地说："他是我的师父，他的法号我岂能不知？"

"那你为什么要那样问呢？"

小和尚答道："我那样做就是为了除去师父的闲名！"

闲名终究是虚的，生不带来，死不带去。

负重在心

人之所以不幸福，不是在于拥有的太少，而是在于想得到的太多。

一位做了十几年心理顾问的医生说，在他所遇到的各种各样的心理病例中，最为严重也是最为普遍的一种，就是人们一生总是不断地追求更多的东西。他们并不在乎自己已经拥有了什么，他们只是想得到更多。有这种心理症状的人常说："如果我的愿望得到满足，我就会变得快乐。"而当这些愿望真的实现时，他又感到无聊，又滋生了更大更新的欲望。

欲望像雪球般，越滚越大，无休无止地膨胀，以至于我们的心灵永远处于饥荒的状态。

对地位的贪求，对利益的渴望，对享乐的欲求，使很多人成为这个时代的"饥民"。

唐代柳宗元写过一则寓言故事，名字叫《蝜蝂传》。寓言说，有一种小虫子很喜欢捡东西，它在爬行时，不管碰到什么东西，都会捡起来，放在背上。慢慢地，它背的东西越来越多，走起来也越来越困难。尽管这样，它仍然不停地背东西。有人见了，可怜它，帮它把背上的东西拿下来。当它刚刚能够行走时，又会像以前那样背着重物向前爬。到最后，小虫子的身上背的东西越来越多，越来越重，它终于被自己身上的重物压死了。

人是万物之灵，按理说，比小虫子应当高明得多。但我们在生活中的所作所为，到底和这种小虫子有多大的区别呢？我们想想看，自己是不是习惯于像这种小虫子一样，喜欢把"名声、利益、权势"背在身上，是不是总想得到更多呢？我们是不是喜欢把沉重的负担，一件一件驮在背上，无论如何也舍不得扔掉，到最后，自己把自己活活地压垮了呢？

在某种意义上说，人类比虫子更加可悲可叹，因为虫子只是负重在身，而人类却负重在心！

猫要吃什么

有一位修行人，离开了他原先修行时所在的村庄，到荒无人烟的深山老林里去进一步苦修。他只带了一块布当作衣服，就一个人到山里去了。

住了一段时间，他在洗衣服的时候，发现需要另外一块布来替换，就下了山，回到村里，向村民们讨一块布当作衣服。村民们都知道他是一位虔诚的修行人，毫不犹豫地给了他一块布。

这位修行人回到山里，不久，他发现在他住的茅草屋子里，有一只老鼠。这只老鼠经常在他专心打坐的时候，出来咬他那件准备换洗的衣服。他在这以前已经发过誓，说自己一生会严格遵守不杀生的戒律，因此他不愿意去伤害那只老鼠。但他又没办法赶走那只老鼠，所以他又回到村里，向村民要了一只猫来饲养。

带回了这只猫之后，他又想：这只猫要吃什么呢？这只猫是用来吓走老鼠的，不是让它去吃老鼠的。但这只猫总不能跟我一样，每天只吃一些水果和野菜吧！于是他又向村民讨了一只奶牛，这样，这只猫就可以靠喝牛奶活下去了。

修行人在山里住了一段时间以后，发现每天都要花很多的时间来照顾那只奶牛，于是他又回到村里，找了一个无家可归的流浪汉，将他带到山中，帮自己照顾奶牛。

流浪汉在山中住了一段日子后，向修行人抱怨说：我跟你不一样，我需要一个女人，我想要过正常的家庭生活。修行人一想，也有道理，我不能强迫别人一定要跟自己一样啊。

于是他又下山，给流浪汉找了一个老婆……

故事就这样不断地演了下去。到了后来，大半个村子都搬到山上去了。

欲望就是这样的一条锁链，接二连三，无休无止，越来越长。不知不觉间，我们就被自己欲望的锁链牢牢地拴住了。

第八章 参悟至理领略人生

chapter 8

禅宗讲究"顿悟",我等凡夫俗子也许很难达到这样的境界,但我们在人生的跋涉中不能放弃对真理的膜拜,对高明智慧的探求。只有在不断地学习、参悟中,我们才有机会领略人生的另一番风景。

看清三种人生

有一天，佛陀带弟子们坐船。当船行到湖中央时，他问其中一弟子："有一种东西，跑得比光速还快，瞬间能穿越银河系，到达遥远的地方，这是什么？"

有个弟子争着回答："是意念。"

佛陀满意地点点头："那么，有另外一种东西，跑得比乌龟还慢。当春花怒放时，它还停留在冬天。当头发雪白时，它仍然是个小孩子的模样，那又是什么？"

弟子们一脸困惑，答不出来。

"还有，不前进也不后退，没有出生也没有死亡，始终漂浮在一个定点。谁能告诉我，这又是什么？"

弟子们全都愣住了，面面相觑。

"答案都是意念。它们是意念的三种表现，换个角度来看，也可比喻成三种人生。"佛陀望着聚精会神的弟子，继续解释，"第一种是积极奋斗的人生，当一个人不断力争上游，对明天永远充满希望和信心时，他的心灵就不受时空的限制，他就好比是一只射出的箭，总有一天会超越光速，驾驭于万物之上。第二种是懒惰的人生，他永远落在别人的屁股后面，捡拾他人丢弃的东西，这种人注定会被遗忘。第三种是醉生梦死的人生，当一个人放弃努力、苟且偷生时，他的命运是冰冻的，没有任何机会来敲门，无快乐也无所谓有痛苦。"

看清三种人生，有利于我们进步。什么是进步的人生，什么是懒惰的人生，什么是醉生梦死的人生。看清了，便会自己给自己敲警钟，迈着更有力的步伐在积极奋斗的人生道路上前进。

半年人生

有5个青年结伴来到一座禅院，向禅师询问生命的意义。禅师对他们说："你们还有半年的生命了。在这半年里，我乞求佛祖保佑你们想得到什么，就能得到什么。"

第一个青年想："反正我只能活半年了，那我就吃遍天下的山珍海味吧。"于是，半年时间他几乎都是在饭店度过的。

第二个人连想都没想，就背起行囊，游遍天下名胜古迹。

第三个人一心想当官，果然取得了自己想要的官职。

第四个人则利用这半年的时间，写成了一部恢宏巨著。

第五个人一听说自己只有半年时间，他心灰意冷，昏昏沉沉地睡了6个月。

半年后，他们都没死，很生气。于是就结伴来找禅师算账。禅师则对他们说："命运还是得由自己来掌握，即使只能活半年，也应该活得精彩。如何活都是你们自己的选择。"

一分耕耘，一分收获。人生的好坏成败，关键在于自己如何定位和把握。

没时间老

佛光禅师门下的大弟子大智，出外参学 30 年后归来，正在法堂里向佛光禅师述说此次在外参学的种种经历，佛光禅师总以慰勉的笑容倾听着，最后大智问道："师父，这 30 年来，您老一个人还好？"

佛光禅师道："我很好，每天在法海里泛游，讲学、说法、著作、写经，世上没有比这更欣悦的生活了。我每天忙得很快乐。"

大智关心地说道："师父，您应该多一些时间休息！"

夜深了，佛光禅师对大智说道："你休息吧，有话我们以后慢慢谈。"

清晨在睡梦中，大智隐隐中就听到佛光禅师的禅房传出阵阵诵经的木鱼声。

白天，佛光禅师总不厌其烦地对一批批来礼佛的信众开示，讲说佛法，一回禅堂不是拟定学习的教材，便是批阅学僧的心得报告，每天总有忙不完的事。

好不容易看到佛光禅师刚与学僧谈话告一段落，大智忙过来抢着问佛光禅师道："师父，分别这 30 年来，您每天的生活仍然这么忙碌，怎么都不觉得您老呢？"

佛光禅师道："我没有时间觉得老呀！"

"没有时间老"，这句话后来一直在大智的耳边回响。

世人，有的还很年轻，但心力衰退，年纪轻轻，但心已老；有的年寿已高，但心力旺盛，仍感到精神饱满，老当益壮。"没有时间老"，其实就是心中没有老的观念，等于孔子说："其为人也，发愤忘食，乐以忘忧，不知老之将至。"

重要的是心

千利休是日本茶道的鼻祖，同时又是有名的一休禅师的得意弟子，他当时在日本的社会地位非常尊贵。

有一次，宇治这个地方一个名叫上林竹庵的人邀请千利休参加自己的茶会。千利休答应了，并带众弟子前往。

竹庵非常高兴，同时也非常紧张。在千利休和弟子们进入茶室后，他开始亲自为大家点茶。但是，由于他太紧张了，点茶的手有些发抖，致使茶盒上的茶勺跌落，茶笼倒下，茶笼中的水溢出，显得十分不雅。千利休的弟子们都暗暗在心里窃笑。

可是，茶会一结束，作为主客的千利休就赞叹说："今天茶会主人的点茶是天下第一。"

弟子们都觉得千利休的话不可思议，便在回去的路上问千利休："那样不恰当的点茶，为什么是天下第一？"

千利休回答说："那是因为竹庵为了让我们喝到最好的茶，一心一意去做的缘故。所以，他没有留意是否会出现那样的失败，只管一心做茶。这种心意是最重要的。"

对于茶道来说，重要的是心。不管多么漂亮的点茶，多么高贵的茶具，没有心的真诚，就没有任何意义。

生命不能空虚，不要长久地停留在空虚或伤痛之上，试着用别的东西来替代它。

命运线全在自己的手上

易先生毕业以后大概做过十几种不同的工作，当过大学老师，做过公务员，做过歌厅串场歌手，开过餐馆，做过流水线工人，搞过装修、房地产……最后都以失败告终。

一次，在九华山的一座寺庙里，他和一位老和尚聊起了命运。

易先生问这位老和尚："世界上到底有没有命运？"

老和尚答道："当然有。"

易先生说："既然有命中注定，那奋斗还有什么用？"

老和尚笑而不答，他抓起易先生的左手，先说了手上有生命线、事业线之类算命的话，然后他让易先生举起左手并攥成拳头。

当易先生拳头攥紧之后，老和尚问他："那些命运线在哪里？"

他机械地答道:"在我的手中啊。"

当这位老和尚再次追问这个问题时,易先生恍然大悟,命运其实就在自己的手中。后来每当遇到挫折时,易先生就会暗暗攥紧拳头对自己说:"命运其实就在自己的手中。"这个信念一直帮助他走到今天,走向了成功!

一切的决定、思考、感受、行动都受控于某种力量,它就是我们的信念。有什么样的信念,就决定你有什么样的力量。

亲眼所见未必真

有一天晚上,镜虚禅师带一女人回到房中后,就关起房门,在房里同居同食。徒弟满空生怕大众知道这事,一直把守门外,逢到有人找师父镜虚禅师时,就以"禅师在休息"的话来挡驾。

但满空心想这样下去也不是办法,就鼓起勇气去找师父。才进门口,竟然看到一个长发披肩的女人躺在床上。

徒弟一见,非常冲动,再也无法忍耐,向前一步,大声问道:"师父啊!您这样做还能算是大师风范吗?您怎样对得起十方大众呢?"

镜虚禅师一点也不动气,轻言慢语地说道:"我怎么不可为大众楷模了呢?"

弟子满空用手指着床上的女人,以斥责的语气道:"您看!"

镜虚禅师却平和地对徒弟说:"你看!"

因为师徒的对话，床上的女人缓缓转过身来，徒弟猛一看，只见一张看不到鼻子、眉毛，连嘴角也烂掉的脸，原来是一个患了麻风病的疯女人正哭笑不清地望着自己。

这时，师父把手上的药往满空面前一伸，泰然地说："喏！那么你来吧！"

满空跪了下来，说道："师父！您能看的，我们不能看；您能做的，我们不能做！弟子愚昧。"

有时，我们亲眼所见，亲耳所闻的，也不一定是事实的真相。

局部的失败

有一个老和尚教一个小沙弥保存香菇，老和尚教小沙弥把香菇用一个个塑料袋包装起来，小和尚不知其理，心想：师父这样做真麻烦。但还是按师父的要求做了。

到了秋天，师父要小和尚拿出以前储藏的香菇来吃，小和尚听从吩咐去拿。

一会儿，急忙跑回来说："师父，不得了啦，香菇腐烂了，不能吃了！"

师父不急不忙地说："你再打开其他的看看。"

小和尚又跑去拿，这一次小和尚笑嘻嘻地对师父说："这一筐香菇只有几个是坏的，其他的都是好的，都能吃。"

这时师父对小沙弥说:"人生也是一箩筐的矛盾果,只要用心把一个个矛盾果像包装香菇那样用塑料袋包起来,那么局部的挫折、失败并不影响获得更大的成功,就像一箩筐的香菇只有几个是坏的,大部分还是好的,是能吃的。"

局部的失败是肯定的,但要相信今后会获得更大的成功,不要因一次小小的失误而低头,意志消沉。

三文钱买饼

有一个禅宗寺院的长老,精通做大饼的技巧。他们寺院做出来的大饼又香又甜,上山来的香客都非常喜欢,纷纷花钱购买品尝,香火很是兴盛。

有一天,一个从远方来的落魄的乞丐来到寺院,吵嚷着要品尝大饼。小和尚们看他脏兮兮的邋遢样,就不让他进厨房,双方僵持不下。

这时候长老出现了,他训斥徒弟们说:"出家人慈悲为怀,你们怎么可以这样呢?"于是他亲自为这个乞丐挑选了一个大饼,恭恭敬敬地送给他品尝。

乞丐非常感动,吃完后掏出唯一的三文钱说:"这是我乞讨来的全部的钱,希望长老你能收下。"长老居然真的收下了,双手合十道:"施主一路走好!"

徒弟们非常纳闷,问长老说:"既然是施舍给乞丐,怎么又收钱呢?"

长老答道:"他不远千里而来,只为品尝这大饼,所以要免费给他品尝;难得他有这么上进的心,懂得为人处世之道,所以要收下他三文钱。有了这份尊重的激励,他将来的成就必定不可限量。"

徒弟们根本不以为然,心里暗想我们的师父真是老糊涂了,大概在说梦话吧。

几十年后,一位大富大贵的商人专门上山来拜谢当年的一饭之恩。令许多老和尚大吃一惊的是,他居然就是当初那个花了三文钱吃大饼的乞丐!

施舍大饼能使乞丐免于挨饿之苦,收乞丐的饼钱却能满足他人格上的自尊。吃饱肚子只能解决一时之需,而精神上的尊重却能激励人的一生。

真正的男子汉

一位父亲苦于自己的孩子已经十五六岁了还没一点男子汉的气概。他去找得道的禅师,让禅师帮忙训练他的孩子。

"你把他放在我这儿待半年,我一定把他训练成真正的男人。"禅师说。

半年后,父亲来接儿子,禅师让他观看他孩子和一个空手道教练进行的比赛。只见教练一出手孩子就应声倒下,他站起来继续迎战,但马上又被打倒,他又站了起来……

就这样来来回回一共18次。

父亲觉得非常羞愧:"真没想到,他居然这么不经打,一打就倒了。"

禅师说:"你只看到表面的胜负,却没有看到他倒下去又站起来的勇气和毅力。"

一开始就能站住的人固然让人欣赏,但一次次倒下,又能重新站起来的人则更让人敬佩。毕竟这世界上能一开始就站起来的幸运儿不多,许多人都经过无数次摸爬滚打,才能最终站稳。所以,失败并不可怕,只要有勇气站起来,成功终将属于你。

不动常动

高桥泥舟是与胜海舟、山冈铁舟齐名的日本幕府末期的"三枪手"之一,耍得一手好枪。年轻时,他曾拜处静院的住持为师,枪术大有长进。

第一次与住持见面谈话时,泥舟马上就自诩自己的枪术如何高明。住持默默地听完他的自夸之言,然后笑笑说:"老衲对于枪也多少有些心得。我俩较量较量如何?"泥舟立即跳到庭院当中,操起一根晾衣竿准备进攻。住持手里只捏着一双筷子。泥舟用力刺过去时,住持出筷一夹。泥舟刺了数次,却未损住持分毫,倒是自家已汗流浃背,最终以认输告终。泥舟问住持的心得是什么,住持说:"没有什么秘诀,真要说的话,它可谓'山高水深,山闲风静',或者是'眼横鼻直',或者说'柳绿花红'也可。"

泥舟从此用心参究佛法。几年过去了，和尚什么也没有教他，他仍然一心一意坚持去穷尽枪术的绝招、秘诀。一天，他读到快川国师说的"灭却心头火自凉"一句，顿时体悟了不动常动的悟境。

"灭却心头火自凉"，人生也如此。如果我们能保持内心的平静，不受太多欲望的诱惑，专注于某件事情，我们必可在此领域取得成就。所谓"不动常动"，"以不变应万变"，关键在于首先战胜自己，让自己的心平静下来，然后便可化解一切攻击，处于不败之地。

都是人生的旅客

有一次，正在云游宣扬佛法的憨山大师迷了路，不知走了多久，才在漆黑的夜空见到一盏灯火。他定睛一看原来是一户人家，立刻兴奋地奔上前去请求借宿。

"我家又不是旅店！"屋主听到他所提出借宿一晚的要求后，立刻板着脸拒绝。

"我只要问你三个问题，就可以证明这屋子就是旅店！"憨山大师笑着说道。

"我不信，倘若你能说服我，我就让你进门。"屋主也爽快回答。

"在你以前谁住在此处？"

"家父！"

"在令尊之前，又是谁当主人？"

"我祖父！"

"如果施主过世，它又是谁的呀？"

"我儿子！"

憨山大师笑道，"你不过是暂时居住在这儿，也像我一样是旅客。"

当晚他就在屋里舒舒服服地睡了一觉。

对于生活来说，我们每个人都是人生的旅客。好好地珍惜现在，就是人生最大的收获，把握住眼下的时光，就是最大的成功。

同样的事情

很久以前有一个老妇人，与一个独生子相依为命。老妇人原以为可以与独子长相依靠的，不料独子突然得了重病，不治而亡。

老妇人的邻居帮助老妇人把死者埋了，老妇人痛失爱子，死也不肯离开坟地。她不吃不喝，哭呀哭呀，只想与儿子一道离开人世。就这样过了四五天，老妇人果然气息奄奄，命在旦夕了。

这时，虚竹大师来到老妇人身边，问道：

"你为何停在坟间不肯离去呢？"

"唉！我唯一的爱子离我而去，我痛不欲生，只求同儿子一同离开人世。"老妇哭着说。

虚竹大师又问老妇："你想不想让儿子活过来呀？"

老妇一听，精神倍增，说："当然想呀，你可有什么办法吗？"

虚竹大师道："你如果能找来一种香火，我便可以拿着此火为你儿子许愿，叫你儿子复活。"

"那是什么样的香火呢？"老妇问。

"这种香火就是从来没有死过人的人家燃着的香火，你去把它找来吧。"虚竹大师说。

老妇听信虚竹大师的话，便四处讨香火去了。

每到一户人家，老妇就问：

"你家死过人吗？"

"死过，曾死过不少人呢。"

老妇继续走，每到一户，老妇依旧问：

"你们家以前死过人吗？"

"死过，我们的祖先都在我们前面死了。"

"怎么会没死过人呢？"回答几乎千篇一律。

老妇跑了许多路，问了不知多少户人家，每家的回答，几乎一模一样。无可奈何，老妇回来了，告诉虚竹大师：

"我已经遍求所有人家，却没有一家没有死过人的，这样的香火看来我是取不来了。"

虚竹大师说："既然如此，你又何必为死了儿子而过度悲伤呢？"

老妇人恍然大悟。

几乎每个人在生活中都要遭受类似失去亲人的不幸，我们要冷静客观地看待这种境遇，不要因此而盲目地怨天尤人。

不要被表象迷惑

有一个痴者因为自己总是看不到人间的真实，于是去向禅师请教。

"禅师，请你告诉我怎样才能看到人间的真实？我在人生路上艰难地跋涉，到后来我才发现，我始终走在一个表象里。"

"当我被她的甜言蜜语所迷惑，决定娶她为妻时，一转身，就发现她在用相同的语言与别人约会。"

"当我把我的所有赠给一个衣衫褴褛、面色忧郁的路人时，却发现他对我毫无所求。"

"我把对我笑的人当做我的朋友，骂我的人当做我的敌人时，却发现想把我推下深渊的，正是那个对我笑的人。"

"为什么爱我的人偏偏不说爱我？人在我的身边，为何心却走了？怯懦者为何平时总是穿着勇敢的外衣？明明有求于我，为何偏偏要把一箱箱的珍宝送给我……这些表象实在令人迷惑。禅师，请你告诉我，我应该怎样去判断？"

禅师说："年轻人，有时我们眼睛所看到的未必是真相，耳朵所听到的往往是那些扰乱心智的声音。因此，离你而去者也许是真心爱你的人；送你珍宝的可能正是有求于你的人。"

"当一个人送你鲜花，一个则送刺给你，请不要急于断定哪一个是亲你者，哪一个是疏你者。"

"当你看见一个人鲜血淋漓地躺在地上，一个人站在旁边无动于衷时，请不要贸然断定哪个是死者，哪个是生者。"

"当你看到一个黑发者和一个白发者站在一起时，请不要在两者谁是老人的问题上妄下定论。"

"当一个人口齿伶俐、声调高亢,一个人结结巴巴、声音颤抖时,请不要盲目断定哪个是勇敢者,哪个是怯懦者。"

"当你看见一个人在不停地流泪,一个人却在放声大笑时,请不要立刻断定哪一个是欢乐者,哪一个是痛苦者。"

"当你站在冰封雪冻的湖面上,被飘舞的雪花环绕时,请不要认为明天还会是这样;今天的幸福可能会成为明天的痛苦,稍纵即逝的或许正是永恒的……"

痴者听了禅师的这番话后,豁然开悟了,他高兴地说:"我明白了。"

"在你对世间万物没有真正领悟之前,请不要说'我明白了'。"禅师接着说。

不要被表象所迷惑,要透过现象看本质,才能正确地待人接物,才能在面对生活、事业时少犯错误。

闭上眼睛才能看明白

有一位老和尚正合着双眼在静坐,这时来了一个生意场上屡屡失败的商人。他想向老和尚求教解脱失败的方法。老和尚在回答他的问题时,自始至终都没有睁开眼睛,他很惊讶。于是,他问:"老和尚,您为什么能对世界看得这么清楚!"

老和尚回答:"因为我闭着眼睛。"

人生如戏，我们自己是编剧、是导演、是演员，至于这出戏将如何演出，则完全掌握在我们自己的手中。因此，只要我们能打开心扉，天、地、时、空就是我们最佳的舞台，也是我们最华美的布景。在这样的情境中，我们是否应该尽心尽力地舞出生命的活力，咏出生命华美的乐章？

一切随缘任他去

后唐保福禅师将要圆寂时，向大众说道"我近来气力不济，大概世缘时限已快到了。"

门徒弟子们听后，纷纷说道："师父法体仍很健康"，"弟子们仍需师父指导"，"要求师父常驻世间为众生说法"。

其中有一位弟子问道："时限若已到时，禅师是去好呢？还是留住好？"

保福禅师用非常安详、亲切的口吻反问道："你说是怎么样才好呢？"

这个弟子毫不考虑地答道："生也好，死也好，一切随缘任他去好了。"

禅师哈哈一笑说道："我心里要讲的话，不知什么时候都被你偷听去了。"

说完，禅师就圆寂了。

生死得失常常受外界因素的控制，并非人力所能改变。既然如此，我们所能做的，就是调整好自己的心情，做到宠辱不惊，得失坦然。

全在一个"悟"字

良宽禅师年老的时候，从家乡传来一个消息。说他的外甥整日游手好闲，不务正业，快要倾家荡产了。乡邻都希望老禅师能回去开示他，使他重新做人。

禅师于是步行三日到家，并没有说什么，只是坐在床上一夜。第二日，他对外甥道："我年事已高，手脚颤动，不能自己穿鞋，你能否帮我把它穿上？"外甥念舅舅长年不回家一次，于是就帮他穿鞋。

禅师说："谢谢你了，看，人老的时候就一天不如一天。你之所以会帮我穿鞋，是因为我在你心里还有一席之地。所以，你要好好保重，成就一番事业，为老的时候打好基础。"

说完禅师便走了。他没有对外甥的不良行为提及半句。此后，这个外甥感悟到舅舅的心意，再无浪荡行为了。

禅悟于人，有时反复追问，有时一句不言，有时也含蓄暗示。其特点就是不道破，而得悟者便能幡然醒悟。

烦恼是佛

赵州从谂禅师有一次游历到北方，僧众们请他住持观音院，从谂禅师上堂讲道："佛是烦恼，烦恼是佛。"

有僧人问道："不知佛是何种烦恼？"

"佛的烦恼与一切人的烦恼一样。"

僧人又问："怎样才能避免？"

禅师讲道："避免它干什么？"

高坐在莲花座上也难免烦恼。那我们呢，是凡人，拥有更多的烦恼和更多的快乐，烦恼时勇敢面对，快乐时欣然享受。这才是人生的真谛。

但向己求

慧思禅师在堂上对大家开示道："道的本源不远，法性之海不远，只要向自己求索，不要从其他的地方去寻找，如果向外去寻找就无法得到，即使获得也不真实。"

学佛不一定要进寺院，参禅也并非要剃度，之所以生活也可称之为禅，因为我们能够从每一个细节里感悟禅。

自家宝藏

慧海禅师初到江西参见马祖道一禅师,马祖问道:"你从哪儿来?"

慧海答道:"从越州大云寺来。"

"来这里打算干什么?"

"求佛法。"

马祖说:"放弃自家宝藏不顾,弃家到处乱跑干什么?我这里什么也没有,你能求什么佛法呢?"

慧海便向马祖施礼拜问道:"哪个是我慧海自家的宝藏呢?"

马祖说:"现在问我的人就是你的宝藏,一切皆备,并无欠缺,完全可以自由使用,何必再向外寻找?"

慧海禅师一听立即识见到自己本心,不觉省悟,兴奋地拜谢马祖。

其实首先要懂得珍惜自己,才能够正视自己,充分利用自己身上的优势。每个人都是独一无二的,相信自己,你就是挖掘不尽的宝藏。

有病自养

有一天马祖问智藏禅师道:"你为何不看经书呢?"

智藏答道:"经书有什么特殊的吗?"

马祖说:"你说得对。虽然如此,但是你以后去教化别人也许用得着。"

智藏说道:"我有病,只想自己调养,岂敢去教化别人呢?"

马祖说:"你晚年必定大显于世。"

身教远远胜于言教,如果能看到自己的不足,并不断地自我完善,那么不需要太多的言语就足以让身边的人非常佩服了。因此,说到教育,爸爸妈妈们教育孩子,像修剪小树一样从小就修枝剪叶,可是大人们的枝叶是不是也能够自行进行修剪呢?所以说读经也好,读禅也好,也像一面镜子,自己要时常照照,看有没有需要修剪的部分。

禅河深处探到底

临济的禅风向来以峻厉著称,临济禅师的学生中有一个叫定上座的,也很有临济禅的峻厉风格。有一次,定上座在桥边碰到三个游方僧人,其中一个人问他:"什么是禅河深处,须穷到底?"

定上座听了,就一把抓住这个人,要把他从桥上扔到河里去!

其余两个人见了,连忙劝他:"请您不要生气,这位师弟刚刚出道,还不知临济禅的厉害。"

定上座这才停下手来,说:"要不是看这两位的面子,今天一定要让你亲自到禅河深处走一趟,让你自己'穷到底'!"

每个人的禅河深处,需要每个人自己去探到底。禅需要我们透入生命的至情至性去加以体验。各人的生死各人了,各人的田地各人耕,只有透过自己亲身体验，我们的生命才会发生令人惊喜的改变。

一偈得道

佛祖有个叫般特的徒弟，他生性愚钝，佛祖让500名罗汉天天轮流教他，可是般特仍然不开窍。佛祖把他叫到面前，逐字逐句地教他一首偈："守口摄意身莫犯，如是行者得度世。"

佛说："你不要认为是这首偈稀松平常，你只要认真地学会这一首偈，就已经不容易了！"于是般特翻来覆去地就学这一偈，终于领悟了其中的意思。

过了一段时间，佛祖派他去给附近的比丘尼讲经说法。那些比丘尼早就听说这个人愚笨了，所以心中都不服气，她们想："这样的愚笨之人也会讲经说法？"虽然心里是这样想，但是她们表面上仍然用应有的礼遇对他。

般特惭愧而谦虚地对众比丘尼说道："我生来愚钝，在佛祖身边只学得一偈，现在给大家讲述，希望静听。"

接着便念偈："守口摄意身莫犯，如是行者得度世。"

话音刚落，众比丘尼便哄笑："居然只会一首启蒙偈，我们早就倒背如流了，还用你来讲解？"

般特不动声色，从容讲下去，说得头头是道，新意迭出。一首普通的偈，说出了无限深邃的佛理。众比丘尼听得如痴如醉，不禁感叹道：

"一首启蒙偈，居然可以理解到这样程度，实在是高人一等啊！"于是对他肃然起敬。

般特只学了一偈，可他一丝不苟的精神体现于行动中，于是通过一偈也得道了。

天堂与地狱

小和尚埋怨生活太辛苦，每天浇水、做饭、修禅，琐碎的事太多。禅师就给他们讲了这样一个故事：

有个人死后，去了阎罗殿。到了那里，看到那里生活非常安逸。这个人心想："我活着的时候生活太辛苦了，现在我死了，终于可以享受了。每天除了吃饭睡觉，没有别的事情，也不用每天辛苦地工作了，这样的生活实在是太好了！这简直就是天堂！"

然后，他向负责的人问道："这里是地狱吗？我实在难以想象地狱居然是这样好！"负责人说："没错，这里就是地狱！在这里你什么都不用做，好好享受吧！过一段时间你就知道这才是真正的地狱。"

这个人心想："怎么会呢！这里天天山珍海味，想吃什么就吃什么；还有舒适的床铺。想睡多久就睡多久，从来没有人管。早知道这样，我早就不活了，活着还不如死掉呢！"

于是他就整天吃了睡，睡了吃，快乐得像个神仙。可是时间长了，他就觉得十分寂寞和空虚。于是他去找负责的人，说道："我每天除了吃饭就是睡觉，和猪有什么区别？我不想这样生活了，你还是给我找一份工作吧！辛苦点我也愿意。"

负责人答道："这里从来就没有工作，想要什么只要一想，马上就能得到，只有工作不能得到！"那个人没有办法，只好回去了。又过了一段时间，他实在无法忍受这样的生活，又去找那个负责人，说："我不想在这里住了，这种生活实在是难以忍受，你还不如让我下地狱！"

负责的人说："已经告诉过你了，这里本来就是地狱，你还以为这里是天堂呢，实在是太笨了！这才是真正的地狱。"

人生来就是要劳作的，有劳有逸才有快乐的人生。

第九章 心境自造快乐常存

chapter 9

快乐或者烦忧，不在于你的生活中发生了什么事情，而在于你对待这些事情的态度。只要自己丢下妄缘，抛开杂念，热闹场中亦可做道场，求得心灵的宁静和人生的快乐。

自己若不气哪里来的气

　　一位老妇人脾气十分古怪，经常为一些无关紧要的小事大发雷霆，而且生气的时候说话很恶毒，常常无意中伤害别人。因此，她与周围的人相处都不太融洽。她也很清楚自己的脾气不好，也很想改，可是火气上来时，她就是没有办法控制自己。

　　一次，朋友告诉她："附近有一位得道高僧，为什么不去找他为你指点迷津呢？说不定他可以帮你。"她觉得有点道理，于是就抱着试一试的态度去找那位高僧了。

　　当她向高僧诉说自己的心事时，态度十分恳切，强烈地渴望能从高僧那儿得到一些启示。高僧默默地听她诉说，等她说完，就带她来到一座禅房，然后锁上门，一言不发地离去了。

　　这位老妇人本想从禅师那里得到一些启示，可是没有想到禅师却把她关在又冷又黑的禅房里。她气得直跳脚，并且破口大骂，但是无论她怎么骂，大师都不理睬她。老妇人实在受不了了，于是开始哀求大师放了她，可是大师仍然无动于衷，任由她自己说个不停。

　　过了很久，禅师终于听不到房间里的声音了，于是就在门外问："你还生气吗？"

老妇人恶狠狠地回答道："我只是生自己的气，很后悔自己听信别人的话，干吗没事找事地来到这种鬼地方找你帮忙。"

禅师听完，说道："你连自己都不肯原谅，怎么会原谅别人呢？"说完转身就走了。

过了一会儿，高僧又问："还生气吗？"

老妇人说："不生气了。"

"为什么不生气了呢？"

"我生气又有什么用？还不是被你关在这又冷又黑的禅房里吗？"

禅师有点担心地说："其实这样会更可怕，因为你把气全部压在了一起，一旦爆发会比以前更强烈的。"于是又转身离去了。

等到禅师第三次来问她的时候，老妇人说："我不生气了，因为你不值得我生气。"

"你生气的根还在，你还是不能摆脱出来！"禅师说道。

又过了很久，老妇人主动问禅师："大师，您能告诉我气是什么吗？"

高僧还是不说话，只是看似无意地将手中的茶水倒在地上。老妇人终于明白：原来，自己不气哪里来的气？心地透明，了无一物，何气之有？

印光大师告诫我们："嗔心一起，于人无益，于己有损；轻亦心意烦躁，重则肝目受伤。"

我们不能做一个聪明人，但至少不要去做一个愚人。把生活中不如意的一些小事看得淡一点，并能在静观中有所收益，悟得生活中的种种禅机，我们就不会活得太累，活得不开心了。

自己愉快也能带给别人愉快的人

一个少年去拜访一位年长的和尚,人们都称他为智和尚。少年问:"我如何才能变成一个自己愉快,也能够给别人愉快的人呢?"

智和尚笑着对他说:"孩子,你有这样的愿望已经是很难得了。有很多比你年长的人,从他们问的问题本身就可以看出,不管怎样给他们解释,都不可能使他们真正明白其中的道理,就只好随他们去了。"

少年满怀虔诚地听着,脸上没有丝毫得意之色。

智和尚接着说:"我送给你四句话。第一句话是'把自己当成别人'。你能说说这句话的含义吗?"

少年回答说:"您是不是说,在我感到忧伤的时候,就把自己当成是别人,这样痛苦就自然减轻了;当我欣喜若狂之时,把自己当成别人,那些狂喜也会变得平淡一些?"

智和尚微微点头,接着说:"第二句话,'把别人当成自己'。"

少年沉思一会儿,说:"这样就可以真正同情别人的不幸,理解别人的需求,而且在别人需要的时候给予帮助?"

智和尚两眼发光,继续说道:"第三句话,'把别人当成别人'。"

少年说:"这句话的意思是不是说,要充分地尊重每个人的独立性,任何情形下都不可侵犯他人的核心领地?"

智和尚哈哈大笑:"阿弥陀佛,孺子可教也。第四句话是,'把自己当成自己'。这句话理解起来太难了,留着你以后慢慢品味吧。"

少年说:"这句话的含义,我一时体会不出。但这四句话之间有许多自相矛盾之处,我用什么才能把它们统一起来呢?"

智和尚说:"很简单,用一生的时间和阅历。"

少年沉默了很久,然后叩首告别。

后来少年变成了壮年,又变成了老人。再后来在他离开这个世界很久以后,人人都还时时提起他。人们都说他是一位智者,因为他是一个愉快的人,而且也给每一个见到过他的人带来了快乐。

认识别人,被别人认识,认识自己,用一颗真诚的心将三者统一。把别人当成自己,把自己当成别人。关键在于认识自己,弄懂了这个道理,你就会拥有近乎完美的人格。

不同的比较换来不同的心境

过去,有一个老太太,她有两个女儿,大女婿是卖草帽的,二女婿是卖伞的。一到雨天,老太太就唉声叹气,说:"大女婿的草帽不好卖,大女儿的日子不好过了。"但一到晴天,她又想起二女儿:"又没人买雨伞了。"所以,不管晴天还是雨天,老太太都不开心。

一位云游和尚听说了这件事,就来开导她:"晴天,你就想想大女儿的草帽好卖了,雨天你就想想二女儿的雨伞一定生意不错。这样,你不就天天高兴了吗?"

老太太听了云游和尚的话,天天都有了笑容。

习惯于比较是人的天性,正是这种喜欢比较的天性促成了人与人之间的相互攀比,也造成了人的苦恼的产生。而且,人总是习惯于去看比较之后那不利的一面，所以，苦恼当然就会随即而至。

快乐是"比"出来的

　　有一位贫穷的人向禅师哭诉："禅师，我生活得并不如意，房子太小，孩子太多，太太性格暴躁。您说我应该怎么办？"

　　禅师想了想，问他："你们家有牛吗？"

　　"有。"穷人点了点头。

　　"那你就把牛赶进屋子里来饲养吧。"

　　一个星期后，穷人又来找禅师诉说自己的不幸。

　　禅师问他："你们家有羊吗？"

　　穷人说："有。"

　　"那你就把它放到屋子里饲养吧。"

　　过了几天，穷人又来诉苦。禅师问他："你们家有鸡吗？"

　　"有啊，并且有很多只呢。"穷人骄傲地说。

　　"那你就把它们都带进屋子里吧。"

　　从此以后，穷人的屋子里便有了七八个孩子的哭声、太太的呵斥声，一头牛、两只羊、十多只鸡。三天后，穷人就受不了了。他再度来找禅师，请他帮忙。

　　"把牛、羊、鸡全都赶到外面去吧！"禅师说。

　　第二天，穷人来看禅师，兴奋地说："太好了，我家变得又宽又大，还很安静呢！"

好与坏是相对的，没有绝对的好，也没有绝对的坏。对待生活，要有适应能力，任何人都无法拥有绝对的快乐。有时放宽心态，换个角度，会发现即使是困境也有让人欣慰和满意的一面。

太好了

一个小和尚在庙里待烦了，总觉得心情烦闷、忧郁，高兴不起来，就去向师父诉说了烦恼。

圆通和尚听了徒弟的抱怨说："快乐是在心里，不假外求，求即往往不得，转为烦恼。快乐是一种心理状态，内心淡然，则无往而不乐。"

接着，他给徒弟讲了这样一个故事：

某个村落，有个老爷，一年到头的口头禅是"太好了，太好了"。有时一连几天下雨，村民们都为久雨不晴而大发牢骚，他也说："太好了，这些雨若是在一天内全部下下来，岂不泛滥成灾，把村落冲走了？神明特地把雨量分成几天下，这不是值得庆幸的事吗？"

有一次，"太好了"老爷的太太患了重病。村民们以为，这次他不会再说"太好了"吧？于是，都特地去探望他们。

哪知，一进门，老爷还是连说："太好了，太好了。"

村民不禁大为光火，问他："老爷，你未免太过分了吧？太太患了重病，你还口口声声'太好了'，这到底存的什么心呀？"

老爷说:"哎呀,你们有所不知。我活了这么一大把年纪,始终是老婆照顾我,这次,她患了病,我就有机会好好照顾她了。"

讲完了故事,圆通和尚启发弟子:"生活在世上,能把坏事从另一个角度看成是好事,不是很有启示吗?只要抱着积极乐观的态度,面对一切遭遇,就没有什么摆脱不了的忧郁。"

世界上不存在极乐天堂,没有人能够逃脱不幸与不快,没人能从世俗的烦恼中解脱出来。所以你所能做的就是端正态度,积极地去应付这些不愉快。

心中有景

南山下有一庙,庙前有一棵老榕树。一日清晨,一小和尚来洒扫庭院,见古榕树下落叶满地,不禁忧从中来,望树兴叹。忧至极处,便丢下笤帚至师父的堂前,叩门求见。

师父闻声开门,见徒弟愁容满面,以为发生了什么事,急忙询问:"徒儿,大清早为何事如此忧愁?"

小和尚满面疑惑地诉说:"师父,你日夜劝导我们勤于修身悟道,但即使我学得再好,人总难免有死亡的一天。到那时候,所谓的我,所谓的道,不都如这秋天的落叶、冬天的枯枝,随着一抔黄土化为青冢而湮没了吗?"

老和尚听后,指着老榕树对小和尚说:"徒儿,不必为此忧虑。其实,秋天的落叶和冬天的枯枝，在秋风刮得最急的时候，在冬雪落得最密的时候，都悄悄地爬回了树上，孕育成了春天的叶，夏天的花。"

"那我怎么没有看见呢？"

"那是因为你心中无景，所以看不到花开。"

面对落叶凋零而去憧憬含苞待放，这需要有一颗不朽的年轻的心，一颗乐观的心。只要心中有景，何处不是花香满园？

快乐用心去感受

一次，景岑禅师出去布道。傍晚时分，他看到一位孕妇背着一只竹篓走过，她的衣服破旧，脚上落满尘土，竹篓似乎很重，压得她都直不起腰来。她的左手牵着一个小女孩，右臂抱着一个更小的孩子，匆忙地赶路。

景岑禅师以为，这样沉重的生活一定会让这位妇人不堪重负，可是她的脸上却有着像明月一样温婉的笑容。

她只是一个普通的女人，为了生活辛苦地奔波。但是她自己有所追寻，所以不但没有觉得劳苦，反而感觉到十分充实而且快乐。能微笑着对待生活的艰辛，可见她有一种良好的心态，她的心境是平和的。

看到这些，景岑禅师非常感动，心想："世人都能这样生活，哪还会有那么多烦恼呀？"

我们每个人都有自己的生活，都有选择精彩人生的机会，关键在于你有没有一颗感受快乐的心，这是属于你的权利，没有人能够控制或夺去。如果你能时时用心感受快乐，你生命中的其他事情都会变得容易许多。

小蝈蝈的佛性

　　禅房悟道需要清净之地，这是每个悟禅打坐之人的必然想法和要求。而在老方丈的禅房里，却有一只蝈蝈经常鸣叫不止。这一天，前来向老方丈讨教的一个小和尚听到了蝈蝈的叫声，就对老方丈说："清净之地怎容下这小生灵扰乱，我把它捉了放到山上去。"

　　老方丈微笑着对这个小和尚说："不用不用，这是我请来的颇具佛性的贵客，它为我伴读、陪我诵经，不分昼夜、永无懈怠，是我的同道、知音和良师益友，哪有捉了放到山上去的道理呢？"

　　小和尚以为老方丈在和自己开玩笑，但又不像，便小声地问道："小蝈蝈也有佛性吗？"

　　"当然有佛性了，"老方丈特别认真地说，"事无巨细、物无大小，蝈蝈体躯尽管微小，但却耐得寂寞、清音长鸣，它是漫漫长夜的伟大歌手，更是修得道行的虫界的高僧。"

　　在这个世界上，无论威严和卑微，只要有你的声音和作为，你就有存在的价值和意义，也会得到相应的关注和尊重。

　　太阳以无比辉煌的光芒照耀大地，老虎以异常勇猛的姿态威震山林。可是，太阳和猛虎却不能像蝈蝈那样唱出优美旋律，这就是大自然的神奇和美妙。

以苦为乐

　　唐朝通慧禅师 30 岁出家，不蓄粮食，饥则吃草果，渴则饮水，树下住，终日禅思，经过 5 年，因木头打到土块上，块破形销，豁然大悟。晚年一裙一衲，一双麻鞋穿了 20 年，布衲缝缝补补，冬夏不易。

　　唐朝智则禅师总是披着破衲，垂到膝上，房间仅有单床、瓦钵、木匙，房门从不关闭。他说出家远离世俗了，不修道业，专为衣食奔忙，浪费时间，扰乱内心宁静，这样怎么能行？

　　唐朝慧熙禅师一个人住在岩洞里，不接受居士供养的房舍，日中一食，坐垫周围都是灰尘杂草。衣服敝陋，仅能避免风寒，冬天穿一阵，夏天就挂到壁上。

　　此外，还有扁担和尚一生拾橡栗为食；永嘉大师只吃自己种的菜；高僧惠休 30 年只穿一双鞋，遇到软地就赤脚……

　　高僧之所以能够在修道上取得那样高的成就，这与其甘愿吃苦，摒弃物质享受有着绝对的因果关系。

　　反观今天的好多人，不管有没有事业，不管有没有钱，拼命追求物质享受，美味佳肴、绫罗绸缎、跑车别墅……高僧的高风亮节，不禁让我辈高山仰止。

佛教认为人有生苦、老苦、病苦、死苦、爱别离苦、怨憎会苦、求不得苦及五阴炽盛苦这八苦。

而追求事业成功之人所经历的岂止是八苦？有工作之苦、环境之苦、气候之苦、身体之苦、离乡背井之苦、抛妻别子之苦、寂寞孤独之苦、上当受骗之苦、挫折失败之苦乃至于血本无归之苦，等等。对于这么多苦，如果一个人全能从容面对、积极克服，那还有什么困难不能克服的呢？

敬钟如佛

钟，是佛教丛林寺院里的号令，清晨的钟声是先急后缓，警醒大众，长夜已过，勿再放逸沉睡。而夜晚的钟声是先缓后急，提醒大众觉昏衢，疏昏昧！故丛林的一天作息，是始于钟声，止于钟声。

有一天，奕尚禅师从禅定中起来时，刚好传来阵阵悠扬的钟声，禅师特别专注地竖起心耳聆听，待钟声一停，忍不住地召唤侍者，询问道："早晨司钟的人是谁？"

侍者回答道："是一个新来参学的沙弥。"

于是奕尚禅师就要侍者将这沙弥叫来，问道："你今天早晨是以什么样的心情在司钟呢？"

沙弥不知禅师为什么要这么问他，他回答道："没有什么特别心情！只为打钟而打钟而已。"

奕尚禅师道："不见得吧？你在打钟时，心里一定念着些什么？因为我今天听到的钟声，是非常高贵响亮的声音，那是正心诚意的人，才会发出这种声音。"

沙弥想了又想，然后说道："报告禅师！其实也没有刻意念着，只是我尚未出家参学时，家师时常告诫我，打钟的时候应该要想到钟即是佛，必须虔诚、斋戒，敬钟如佛，用入定的禅心和礼拜之心来司钟。"

奕尚禅师听了非常满意，再三地提醒道："往后处理事务时，不可以忘记，都要保有今天早上司钟的禅心。"

这位沙弥从童年起，养成恭谨的习惯，不但司钟，做任何事，动任何念，一直记着剃度师和奕尚禅师的开示，保持司钟的禅心，他就是后来的森田悟由禅师。

奕尚禅师不但识人，而从钟声里能听出一个人的品德，这也由于自己是有禅心的人。谚云，"有志没志，就看烧火扫地"，"从小一看，到老一半"。森田沙弥虽小，连司钟时都晓得敬钟如佛的禅心，难怪长大之后，成为一位禅师！可见凡事带几分禅心，何事不成？

诗偈论道

苏东坡住在庐山东林寺，作了一首七言绝句，诗云：

"溪声尽是广长舌，山色无非清净身；夜来八万四千偈，他日如何举似人？"

这首诗的前面两句，气势博大，确是惊人。

一天，证悟禅师前往谒见庵元禅师。他俩夜里闲谈，证悟就举出东坡的东林诗偈，并赞叹地说：

"这也是不易到达的境地啊！"

庵元不以为然，批评说："这种说法还没有看到路径，哪里说到了目的地呢？"

证悟："溪声尽是广长舌，山色无非清净身，若不是已到了那种境界，如何有这个消息？"

庵元："是门外汉而已。"

证悟："和尚慈悲，可为指破？"

庵元："且从这里用心参破，即可以知道本命元辰落在何处？"

证悟听了茫然一片。整夜深思，无法入睡。不知不觉中，天已亮了，忽闻钟声，恍然一悟，去其疑云，说道：

"东坡居士太饶舌，声色关中欲透身；溪若是声山是色，无山无水好愁人！"

拿此偈语奔告庵元禅师，庵元说："向你说是门外汉嘛！"

禅，不是用语言能说的，也不是用文字能写的，更不是用心思能想的；禅，完全是透过悟才能体认的。证悟禅师的一夜深思，那钟声终于敲开了心扉，他和东坡的境界就不同了。

到了龙潭

德山禅师本是北方讲经说法的大师，因不满南方禅门教外别传的说法，携带自着的《金刚经青龙疏钞》南来抗辩，才到南方就受到一位老婆婆的奚落，自此收敛起狂傲的心。他请教老婆婆，近处有什么宗师可以前去参访？老婆婆告诉他在五里外，有一位龙潭禅师，非常了得。

德山禅师到了龙潭，一见龙潭禅师就迫不及待地问道："这是什么地方？"

龙潭禅师回答道："龙潭！"

德山禅师逼问道："既名龙潭，我在此巡回既不见龙，又不见潭，这是何故？"

龙潭禅师就直截了当地告诉德山禅师道："你非常辛苦，你已到了龙潭！"

这天夜里，德山向龙潭禅师请益，站在龙潭禅师座前久久不去，龙潭禅师说道："夜已很深，你为何还不下去！"

德山道过晚安，告辞回去，走到门口，又再回来，说道："外面实在太黑，学生初到，不知方向。"

龙潭禅师就点燃了一支蜡烛给他，正当德山伸手来接时，龙潭禅师就把烛吹灭，德山到此忽然大悟，立刻跪下来，向龙潭禅师顶礼，龙潭禅师问道："你见到了什么？"

德山禅师回答道："从今以后，我对天下所有禅师的舌头，都不会再有所怀疑了。"

第二天，德山禅师遂将疏钞取出焚烧，当火焰上升时，他道："穷诸玄辩，若一毫置于太虚；竭世枢机，似一滴投于巨壑。"

经典，再究竟的讲说，仍是分别知识；禅门无言，终究是无分别心的证悟。夜晚，是黑暗的，点了烛火又再吹灭，这意味着外在的光亮熄灭以后，内心的禅光就会亮起来了，这个禅光，看清楚了真我，所谓语言文字，分别意识都是大海一滴了。

咸有咸味，淡有淡味

有一首歌曲《送别》大家可能都很熟悉："长亭外，古道边，芳草碧连天。晚风拂柳笛声残，夕阳山外山。"这首歌曲，是经久不衰的经典之作。这首歌的作者是谁？他就是弘一大师李叔同。

弘一大师有一个很好的朋友，是著名的教育家，叫夏丏尊。

有一天，夏先生来拜访弘一大师。当他看到弘一法师吃饭时，只有一小碟咸菜，心中不忍，就问："这是不是太咸了？"

弘一大师回答说："咸有咸的味道。"

吃完饭后，弘一大师倒了一杯白开水在喝。

夏先生又问他："这是不是太淡了？"

弘一大师微微一笑，说："淡有淡的味道啊。"

当时，夏先生听了，非常感动。

咸有咸的味，淡有淡的味，不论是咸是淡，都能从中得到快乐，这样的心境，就是悟道者的心境。

冷暖有冷暖的温度，咸淡有咸淡的味道，贫富也有贫富的滋味。

贫女宝藏

从前，有一个贫穷的女子，她家的院子里，埋着许多金银财宝，可是她家里没有一个人知道这件事。

当时有一个很有智慧的人，心地善良，知道了这个情况，就想把贫女家里埋有宝藏的事情，告诉贫女。智者担心贫女不相信自己的话，就想了一个办法。

他对贫女说："我想请你为我干活，你能为我做除草的工作吗？"

贫女回答说："我不能这样做，除非你告诉我说我的家里有宝藏，我才为你工作。"

贫女本来想用这个借口，来回绝智者的要求，因为她心想自己家里根本不会有什么宝藏。不料智者听了之后，却满口应承说："我知道你家里有宝藏，我也可以告诉你宝藏埋在什么地方。"

贫女回答："我家里的人都不晓得有宝藏这回事，你怎么可能知道？"

智者说："我确实知道这件事。"

贫女回答："好吧，眼见为实，我要亲眼看到才行。"

贫女就跟着智者来到自家后院。智者果然从贫女家里挖出了宝藏。

贫女见了，心生欢喜，对智者产生了由衷的敬佩之情。

这则故事出于《涅槃经》卷七，故事产生的背景是在古代的印度。

贫女的家中，本来有无价的宝藏，由于没有被发现，所以她仍然是一个贫穷的姑娘。一旦发掘出这个宝藏，贫女顿时就拥有了巨大的财富。

我们每个人的精神世界中，都有这么一座宝藏。只要认识到本心本性，我们内心的世界就会立即变得非常地富有。

衣中的宝珠

从前，一个不富有的人去拜访富有的亲戚，受到了热情的款待，这个人很高兴，喝得酩酊大醉，在酒席上酣然睡去。很不巧，那个亲戚因为接到了要处理公务的通知，必须立即外出。

眼看着这个不富有的亲戚醉得人事不省，这个富有的亲戚就把一颗价值非常昂贵的宝珠，缝在不富有的亲戚的衣服里，然后匆匆离开了。

不富有的人当时烂醉如泥，并不知道这件事。酒醒之后，看见主人没在，就起身离去了。

几年以后，他仍然一贫如洗，流浪在街头。他并不知道自己衣服里有一颗价值连城的宝珠。

后来，一个偶然的机会，他又碰见了那位富有的亲戚。对方看见他衣衫褴褛的样子，不禁流泪叹息说：

"你怎么这么可怜？你的衣服里已经有一颗价值连城的宝珠，你还一直在街头流浪！"

他听了，非常吃惊。亲戚就告诉他宝珠缝在衣服的什么地方，他终于在自己的衣服里发现了宝珠。从此他结束了流浪，过上了富有而快乐的生活。

在这个禅的故事中，"衣珠"就是觉悟、智慧，富有的亲戚则象征着佛陀。

我们的觉悟、智慧是无价之宝，被烦恼妄想的破衣烂衫所遮掩，以至于我们不知道自己的本心本性是如此富足，于是，我们在精神上穷困潦倒，一贫如洗，劳劳碌碌、糊里糊涂地奔波在人生的道路上。"佛以一大事因缘出现于世"，这个"大事因缘"，就是启发我们明心见性，获得开悟。

众生明明有衣珠在身，却仍然流浪乞讨，这是极大的迷妄。要想得到精神生命的富足，我们就要认识到生命中原本具有的"衣珠"。

所以，禅学的宗旨，就是"只要时人知有，如贫子衣珠，不从人得"。禅的终极关怀，就是引导我们去发现每个人都具有的衣珠，认识到我们的本心本性。当我们得到了智者的指点，发现了生命中的宝珠的时候，就会摆脱贫困，成为一个充满智慧的觉悟者。

大珠慧海

在唐代，有位俗姓马的禅师，在江西弘扬禅法。他禅风洒脱，法雨普施，培养了一大批弟子，度化了无数众生，享有很高的声誉。由于他俗姓马，当时的人都称他为马祖大师。

一天，有一位叫大珠慧海的禅师，越过千山万水，风尘仆仆，前来拜见马祖大师，请求他的指点。

马祖大师看着这位虎头虎脑、朝气蓬勃的年轻人，心中暗喜，他觉得，这块好材料该是雕琢成美玉的时候了，就反问他："我这里什么都没有，你为什么要撇下自家宝藏不顾，这么辛苦地在外面奔走流浪呢？"

慧海听了，急忙追问："啊？我的自家宝藏？请师父告诉我，什么是我的自家宝藏？"

马祖大师告诉他："这个自家宝藏，就是现在让你问我的那个东西。此刻，到底是什么东西让你在问我，是什么东西让你在聆听我？这个东西不是别的，就是你的自家宝藏啊。这个自家宝藏，就是你的本心本性。在你的生命中本来就已经具备，一丝一毫也不欠少。吃饭睡觉，行住坐卧，语默动静，都是它在起作用。运用起来自由自在，你哪里还用得着向外面去苦苦寻找呢！"

慧海禅师听了，汗如雨下，如梦方醒。在那个瞬间，他感觉有一道光芒蓦地把自己照得通体透亮，表里俱澄澈。

当学人起心动念，想要向外寻找时，禅师当头给了他一棒，来打破他的痴迷执着。

在马祖大师的点化下，慧海顿时明白了什么是自家宝藏。后来，他和别人谈起这段经历时说：

"马祖大师教导我说：'你的自家宝藏，就是你的本心本性，这个本心本性是每个人都具备的，是圆满没有缺陷的，你根本用不着向外面去寻找。'自从我听了这样的教诲，就彻底停止了向外寻找的念头，明白了什么是自家宝藏，直到今天，我还感到受用无穷！"

也无风雨也无晴

东坡在沙湖道上游览时，突然遭遇到了阵雨，同行的人都狼狈不堪，而他却一点也没有放在心上。过了不久，天色渐渐放晴，东坡兴致大起，写了一首《定风波》词来抒情言志：

"莫听穿林打叶声，何妨吟啸且徐行？竹杖芒鞋轻胜马，谁怕？一蓑烟雨任平生。

料峭春风吹酒醒，山头斜照却相迎。回首向来萧瑟处，归去，也无风雨也无晴。"

这首词生动地表达了苏东坡忘怀得失的人生态度。词的重点，在最后一句——"也无风雨也无晴"。"风雨"，比喻穷困、失意、挫折等；"晴"，比喻通达、得意、顺畅等。

一般人的心态容易被外在的环境所控制，成功时得意忘形，挫折时一蹶不振。这样一来，我们的心就随着悲喜得失，起伏不定。而在苏东坡看来，风雨阴晴，不过是过眼云烟。

人生在漫长的历史过程中，只不过是短短的一瞬。纠缠在阴晴圆缺之中，只会惹得"早生华发"。

所以，与其纠缠于风雨，还不如忘怀于风雨。我们固然无法选择生活的内容，但我们可以选择面对生活的方式。

当你强化、放大风雨的时候，你就会黑云压城，雨骤风狂；当你淡化、放下风雨的时候，你就会雨过天晴，云淡风轻。

人的一生中，有顺境有逆境，有光风霁月的天气，有风雨交加的日子，有春风得意的高潮，有凄风苦雨的低谷。顺境不骄傲，逆境不沮丧；

置身风雨中，不为风雨动，这就是超越了风雨阴晴的禅境。

意在𰻞头边

唐代陆希声居士初访仰山禅师，见面便问："三门（佛门建筑的俗称。三门含有智慧、慈悲、方便三解脱的意思，或象征信、愿、行三者之义）俱开，从何门进入？"

仰山："从信门入。"

两人边走边聊，进入法堂。陆希声又问道："不出魔界便入佛界时又如何？"

仰山禅师以拂子倒点三下，陆希声便礼拜，礼拜完，问道："禅师还持戒吗？"

仰山："不持戒。"

希声："还坐禅吗？"

仰山："不坐禅。"

陆希声沉思良久，仰山禅师问道："会吗？"

希声："不会。"

仰山："滔滔不持戒，兀兀不坐禅。酽茶三两碗，意在𰻞头边。"

戒律重规则、仪制，凡事可与不可之间有严格的规定，而禅学则重解脱、超越，不为一般形式观念拘束，魔来魔斩，佛来佛斩。所以仰山禅师先否定一切对待以后，再说"酽茶三两碗，意在𰻞头边"。

真正的禅者不离日常的生活。

石头狮吼

石头希迁禅师来到南台的第二天,对怀让禅师道:"昨天我来到你这里,发现有一个荒唐的青年禅僧,如如不动地坐在石头上面。"

怀让禅师听后问道:"你有没有弄错?"

希迁禅师道:"没有弄错!"

于是,怀让禅师就吩咐侍者道:"你到山门外调查一下,坐在石头上的那个禅僧是谁?假如是昨天刚来的那个青年禅僧,你就责备他玩弄什么玄虚?假如他承认,你就问他说:'石头上的东西,移植后还有活的可能吗?'"

侍者就用这句话去问希迁禅师,希迁回答说:"诸佛如来的世界里,没有可搬动的东西,也没有死活这句话。"

于是侍者回来将希迁的回答报告怀让禅师,怀让禅师自语道:"这个禅师,他的后代子孙将天下人噤若寒蝉。"

接着他又派侍者去问希迁禅师道:"如何才算是真正的解脱?"

希迁反问:"谁绑住了你?"

侍者又问:"什么才是净土?"

希迁还是以问作答:"谁污染了你?"

侍者再问:"什么才是涅槃?"

希迁步步紧逼："谁把生死给了你？"

侍者回来把这些问答报告给怀让禅师，怀让禅师听后双手合十，一言不发。

六祖慧能大师门下两大弟子青原行思、南岳怀让早已是当代宗师，而他们都很推崇石头希迁禅师，认为："在那石头上能听到狮子的吼声。"

做自己所能做的事，享受自己所能享受的生活。